AnaDoma – Rendezvous der Macher/innen

IMPRESSUM Herausgeber: Hochschule für Bildende Künste Braunschweig, Prof. Michael Brynntrup und Alex Gerbaulet /// Texte: Marina Brell, Markus Brunner, Michael Brynntrup, Manuela Büchting, Benjamin Cölle, Alex Gerbaulet, Lydia Hamann, Syelle Hase, Heike Klippel, Anne Mueller von der Haegen, Barbara Straka, Andreas Weich /// Fotonachweis: Stills aus den jeweiligen FilmVideos, siehe Bildunterschriften, Bildbearbeitung von Video: Claudia Harmel, Martina Leitschuh /// Titelfoto AnaDoma-Auge: Anton Soloveitchik /// Fotografien vom Festival: Estelle Belz (S. 004; S. 112); Michael Brynntrup (S. 012/2; S. 113/2; S. 117/3/4/5/7/8); Philip Häniche (S. 008; S. 048/1/3; S. 100; S. 106; S. 107; S. 108/1; S. 109; S. 115); Karl-Heinrich Weghorn (S. 007; S. 011; S. 012/1; S. 014; S. 017; S. 048/2; S. 086; S. 108/2; S. 113/1; S. 114; S. 116; S. 117/1/2/6; S. 118/1) /// Konzept und Redaktion: AnaDoma /// Lektorat: Eyke Isensee /// Layout & Satz: Claudia Harmel, Martina Leitschuh /// Papier: Profisilk /// Schriften: Pigiarniq, Avance /// Druck: roco druck GmbH, Neuer Weg 48a, 38302 Wolfenbüttel /// Printed in Germany /// Copyright: AnaDoma, die Autor/innen und Fotograf/innen /// Braunschweig 2009 /// ISBN 978-3-88895-065-0

Inhaltsverzeichnis

BIENVENUE

Barbara Straka | Präsidentin der Hochschule für Bildende Künste Braunschweig

Das AnaDoma Festival, eine Initiative der Filmklasse der HBK Braunschweig unter Leitung von Prof. Michael Brynntrup, fand erstmals vom 25.–27. Januar 2008 statt. Als Auftakt des Festivals gab es ab dem 20. Januar eine Ausstellung mit Film-/ Videoarbeiten und -installationen in der Braunschweiger Galerie 21, und als Ort für den dreitägigen Festival-Event war das LOT-Theater gewählt worden. Unter dem Motto „Rendezvous der Macher/innen" wurde das LOT-Theater einige Tage lang zum regionalen, überregionalen und internationalen Treffpunkt von jungen Filmemacher/innen und ihrem Publikum.

Das AnaDoma Festival war eine Herausforderung für alle Beteiligten, vor allem die Studierenden der Filmklasse, und es war ein Experiment, aber es glückte gleich beim ersten Mal und wird, so hoffen viele, nach zwei Jahren eine Fortsetzung finden. Der Zuspruch war groß und dementsprechend der Erfolg, denn wer hätte anfangs vermutet, dass insgesamt 55 Teilnehmer/innen und Autor/innen experimenteller, unabhängiger Filme und Video-Arbeiten aus dem In- und Ausland in Braunschweig zusammenkommen würden. Warum gerade Braunschweig? An der Hochschule für Bildende Künste gehört der Film zur Kunst, und die Filmklasse unter Birgit Hein – sie lehrte von 1990 bis 2007 als Professorin an der HBK – hat nicht nur herausragende Projekte und Preisträger hervorgebracht, sondern auch prominente Absolventen. Michael Brynntrup, der seit 2006 an der HBK lehrt, gehört dazu, und er schreibt die Tradition der Filmklasse fort. Aber auch außerhalb der Universität mausert sich Braunschweig zur Filmstadt: Es gibt das große Filmfest, neuerdings mit dem von der VW-Bank gestifteten Filmpreis, oder auch das „Selbstfilmfest durchgedreht 24" – zwei Festivals mit sehr markanten Profilen.

AnaDoma zeigt Film als Kunst. AnaDoma bietet erstmals der experimentellen Filmkunst und allen audio-visuellen Experimenten ein öffentliches Forum in Braunschweig. Über 300 Einreichungen von Filmen und Videos aus Deutschland, Europa und USA/Kanada zeigen, wie wichtig ein solches Forum ist.

Schon im Eröffnungsprogramm Do it yourself wurde mit dem Film von Nele Wohlatz, **Üben für Utopia,** deutlich, dass es nicht nur um Film als Kunst, sondern auch als politische Artikulation und gesellschaftliches Handeln geht. Ziel der Macher/innen

war es, „an dem weltweiten Diskurs um selbstorganisierte künstlerische, wirtschaftliche und politische Projekte" teilzunehmen. Denn es halten „immer weniger
Menschen den massiven kapitalistischen Druck aus und greifen auf alternative
Konzepte als ein Mittel zum selbstbestimmten oder widerständigen Handeln zurück. Eine Möglichkeit ist es, als Antwort auf den verstärkten Druck mit Formen
und Initiativen zu reagieren, die Demokratisierungsprozesse mitdenken und gestalten. Eine Fabrik besetzten, ein Kino bauen, ein Festival initiieren." Geschichte und Gedächtnis, Heimat, das Fremde und das Eigene, Wirklichkeit und Fiktion,
Underground und Establishment, Zeit- und Raumwahrnehmung, analytische und experimentelle Methoden des Films, der Künste und der Wissenschaften gehörten zu
den herausfordernden Themenstellungen und Fragen des Festivals.

AnaDoma war und bleibt ein Projekt der Filmklasse der HBK Braunschweig, die
nicht nur ihre kreative Leistung, ihren Teamgeist, sondern auch ihre Professionalität unter Beweis gestellt hat: Die Studierenden bildeten ein Festivalteam, dem
Andrea Bellu, Estelle Belz, Michael Brynntrup, Manuela Büchting, Alex Gerbaulet,
Nina Martin, Adrian Schedler, Per Olaf Schmidt, Tom Schön, Anton Soloveitchik,
Jalaludin Trautmann, Deny Tri Ardianto angehörten. Sie organisierten in nur einem
Jahr das Festival, die Einladungen und Reisen, entwickelten das typische Logo,
konzipierten Werbematerial und Eintrittskarten, einen Internetauftritt und Marke-
ting-Artikel, stellten das Programm zusammen, gaben eine Broschüre heraus und
richteten für einige Tage das LOT-Theater mit Secondhand-Mobiliar völlig unge-
wohnt und neu ein. Jetzt entstand die nachträgliche Veröffentlichung zu AnaDoma.

AnaDoma hat sich gleich beim Start eingeprägt und wird die Filmszene in Braunschweig und darüber hinaus bei einer – wünschenswerten – Weiterentwicklung in
zwei Jahren noch nachhaltiger prägen. Vielleicht wird das schwarze, magische,
suggestiv wirkende Logo mit dem auf ein Auge beschränkten, fragenden und träu-
menden Blick eine neue Festivalreihe des Experimentalfilms einleiten? Mit einem
Auge kann man zwar sehen, aber viele Augen sehen mehr, und deshalb ist AnaDoma
nur der Anfang.

Rendezvous der Macher/innen

Michael Brynntrup I Professor der Filmklasse

FilmVideoKunst ist immer noch eine Utopie. Videokunst hat längst einen Ort im Kunstkontext gefunden; Filmkunst wird fest im Kino und auf Festivals verortet. Videokunst und Filmkunst haben ihren jeweiligen Platz gefunden – institutionalisiert im Kunstmarkt und in der Film-/Festivallandschaft. FilmVideoKunst dagegen hat keinen primären Ort – ist nicht in festen Häusern lokalisierbar. FilmVideoKunst muss den Spagat zwischen Galerie/Museum und Filmtheater üben. So gesehen bleibt die originäre FilmVideoKunst ‚utopisch' im wörtlichen Sinne: kein Ort, nirgendwo.

Einen eigenen Ort, einen Freiraum, haben Studierende der Filmklasse für sich entdeckt und – wenn auch nur auf Zeit – als Forum für FilmVideoKunst realisiert. Vom 25. bis 27. Januar 2008 fand im LOT-Theater und in der Galerie 21 das erste „AnaDoma – Rendezvous der Macher/innen" statt. AnaDoma war nicht nur ein Festival (wie viele andere), sondern vor allem ein Treffpunkt. AnaDoma lud ausdrücklich zu Diskussion, Austausch und Vernetzung der Gäste untereinander ein, stellte dafür die entsprechende Logistik bereit und legte insgesamt besonderen Wert auf die kommunikative Atmosphäre während der drei Festivaltage.

Fast alle Künstler der ausgewählten Festivalbeiträge, insgesamt über 50 Film-Video-macher/innen, waren nach Braunschweig angereist. Die meisten der FilmVideomacher kamen von deutschen Film- und Kunsthochschulen, viele auch aus Österreich und einige sogar aus den USA. Dank großzügiger Unterstützung, hier vor allem durch die Stiftung Braunschweigischer Kulturbesitz und den Fördererkreis der HBK, aber auch durch zahlreiche lokale Sponsoren, konnten neben der kostenlosen Verpflegung und Unterbringung auch die kompletten Fahrtkosten für die Gäste übernommen werden. Nur durch diese Förderung konnte das Konzept des Rendezvous ganz aufgehen – und aus der ‚Utopie' ein realer Begegnungsort werden.

Die über 500 Besucher erlebten ein LOT-Theater, das komplett mit Sofas, Sesseln, Beistelltischchen und dutzenden Teppichen ausgestattet war und so an ein überdimensionales Wohnzimmer erinnerte. In solch einer privat anmutenden Atmosphäre konnte man sich bequem und entspannt auf die insgesamt sieben thematischen Programme mit den jeweils anschließenden Diskussionsrunden einlassen. Den Auftakt bildete am Freitagabend das Programm „Do it yourself" mit zwei Filmen über selbstorganisierte Projekte. Der eine Film berichtete über Kollektivierungen bankrotter Fabriken in Buenos Aires durch die Arbeitnehmer, der andere über eine alternative Vergabepraxis von Projektgeldern an Künstler in Newcastle (UK). Das Thema des Eröffnungsprogramms war durchaus ‚programmatisch' gesetzt: auch die zwölf Macher/innen im AnaDoma-Team möchten ihre mehrmonatige Arbeit als „Do it yourself" und „selfmade" verstanden wissen. Und sicher war: nur die Eigeninitiative, die Selbstständigkeit und das Engagement der Studierenden konnte letztlich zu dem Erfolg des Festivals führen.

Aus den über 300 eingesandten Arbeiten wurden 31 FilmVideos und sieben Foto-/Audio-/Videoinstallationen von den Studierenden für das Festivalprogramm ausgewählt. Die einzelnen Programmblöcke und die Ausstellung in der Galerie 21 wurden von den Studierenden selbst kuratiert. Die FilmVideo-Programme waren nach inhaltlichen Aspekten zusammengestellt, und die Titel sollten davon bereits einen ersten Eindruck geben: „Do it yourself", „Blick zurück", „Frauen im Untergrund", „Vom Ereignis reden", „Zerteilen und Generieren" sowie „Zu Hause". Die Inhalte und deren formal-ästhetische Verknüpfungen wurden dann in den Diskussionsrunden mit den Filmemacher/innen und dem Publikum ausführlich erörtert. Da diese Diskussionen ganz wesentlich zu dem Rendezvous-Konzept gehörten, hatte das AnaDoma-Team eigens dazu mehrere film- und fachkundige Moderator/innen eingeladen.

Neben diesen moderierten Programmen wurden an zwei Abenden weitere Filme in einem sogenannten ‚open screening' gezeigt: ob einfache Besucher/in oder angereister Gast – jeder, der wollte, konnte dort seinen Film zeigen. Einzige Bedingung dafür war, persönlich anwesend zu sein und sich als Macher/in der Kritik und Diskussion zu stellen. Das gesamte FilmVideo-Programm der drei Tage gestaltete sich somit sehr facetten- und abwechslungsreich. Das lag nicht nur an den verschiedenen Formaten (von miniDV bis Super 8 und 16 mm) oder an den unterschiedlichen Filmlängen (von einer Minute bis zu 66 Minuten), sondern vor allem an den differenzierten Inhalten der FilmVideoKunst.

Gezeigt wurden fast ausschließlich Arbeiten, die nicht nur als ‚persönliche Arbeiten' bezeichnet werden können, sondern die – umso prägnanter – die Macher/innen selbst als ‚authentisch' ins Blickfeld rückten. FilmVideo als Kunst bedeutet, dass die Künstler mit ihren Arbeiten ‚identisch' sind. Wenn der Künstler im Zusammenhang mit seiner Arbeit so bedeutsam ist, dann ist der originäre Ort für die FilmVideoKunst vielleicht auch schon definiert: ein solcher Ort ist ein Begegnungsort, ein Treffpunkt. Vielleicht ist die ‚Utopie' der FilmVideoKunst dann keine Utopie, kein Nirgendwo mehr, sondern hat ihren genuinen Ort gefunden: als Rendezvous.

Repräsentieren und Repräsentiert-Werden

Selbstorganisierte Kinos und Festivals

Lydia Hamann und Benjamin Cölle

Wir waren eingeladen im Rahmen des Festivalprogramms von AnaDoma – Fest für Film und Video – Rendezvous der Macher/innen in Braunschweig, das Video **Building Festival** vorzustellen. Das Video ist eine Dokumentation der infrastrukturellen Arbeit beim Bau des Star and Shadow Cinema in Newcastle (UK), eines selbstorganisierten Kinos, das von freiwilligen Mitgliedern betrieben wird. Das Star and Shadow wurde gegründet mit der Aufgabensetzung, ein unabhängiges Programm inspirierter und inspirierender Filme zu zeigen als auch ein Veranstaltungsort für Musiker/innen und Künstler/innen zu sein. Idealerweise sollen so viele Individuen wie möglich in die verschiedenen Arbeitsprozesse eingebunden werden: Alle sind potenzielle Mitglieder und können als Volontäre die unterschiedlichen Aufgaben im Kino übernehmen, d.h. das Programm kuratieren, als Filmvorführer/innen arbeiten, an der Bar stehen, Karten verkaufen oder die Webseite layouten. Das selbstorganisierte Arbeiten ist dabei Notwendigkeit, wird jedoch gleichzeitig auch – mit allen Unwägbarkeiten – zur infrastrukturellen Ressource.

AnaDoma hat zwar kein Kino gebaut, aber ein Theater in Braunschweig für drei Festivaltage in ein temporäres Kino umgebaut. Der mit mehreren Reihen Sofas und Sesseln ausgestattete Vorführraum erinnerte dabei an ein überdimensional großes Wohnzimmer. Das wohnliche Setting wurde in den Pausen und auch nach den Programmen ausgiebig genutzt. Dem Festivalteam lag diese Atmosphäre besonders am Herzen, um den Rendezvous-Gedanken auch in der Innenarchitektur des Festivals widerzuspiegeln. Räume wurden gemacht, benutzt und zugleich umgenutzt.

Nach Teresa de Lauretis ist das Kino der Ort, der Phantasien produziert und repräsentiert: „*(Die Phantasie) ist der psychische Mechanismus, der die Übersetzung sozialer Repräsentationen in die Subjektivität und die Selbstdarstellung beherrscht, und somit die Anpassung oder Umarbeitung öffentlicher Phantasien in private Phantasien bestimmt. Es ist die Arbeit der Phantasie, Repräsentationen aus der Außenwelt aufzugreifen und in ,psychische Repräsentanten' zu übersetzen, sie in Bilder und Erzählungen einzuarbeiten, die für das Subjekt bedeutend sind.*“[*1]

Ihre Liebe zu Kino und Film sowie ihre jeweiligen Formen von Selbstorganisation machen die beiden Projekte in Newcastle und Braunschweig miteinander vergleichbar. Die beiden Projekte regen uns dazu an, über die Anforderungen an die Selbstorganisation nachzudenken, um zu sehen, wie, wo und wann dieses Konzept produktiv gemacht werden kann. Doch wie ließe sich ein Vergleich der beiden Projekte denken? Ließe sich die Selbstorganisation von Star and Shadow auf AnaDoma projizieren? Kann das Video **Building Festival** eine Übertragung bewerkstelligen? In beiden Szenarien werden wir eingeladen, Macher/innen zu sein.

Unser Video **Building Festival** dokumentiert den Innenausbau vom Star and Shadow Cinema. Eine dokumentierende Kamera geht, bildlich gesprochen, wie ein Werkzeug von Hand zu Hand und filmt die Arbeitenden beim Wände-Ziehen, Arbeitsschritte-Einteilen, Neue-Skills-Erlernen und Gemeinsam-das-Material-Benutzen.

Als das Video zur Eröffnung von AnaDoma gezeigt wurde, sagten die Veranstalter/innen, sie hätten diesen Film deswegen als Eröffnungsfilm ausgewählt, weil sie bei der im Video gezeigten Arbeit etwas von sich selbst und ihrem Prozess wiedererkannt hätten. Die infrastrukturelle Arbeit zu repräsentieren wurde damit als ein Bedürfnis ausgesprochen, welches innerhalb der Arbeit in Gruppen und temporären Organisationsformen, wie dem Festival, auftauchte.

Das Video kann als Dokumentation und Sichtbarmachung von Prozessen gelesen werden. Es zeigt nicht einen Abschnitt von A nach B, sondern die Arbeit war davor und die Arbeit wird weitergehen, immer in verhandelbaren Szenen, Positionen, Modellen und Normen der Mitarbeiter/innen.

Das Star and Shadow arbeitet schon seit Jahren selbstorganisiert und hat bestimmte Praxen entwickelt, um mit der eigenen Arbeit und Involviertheit umzugehen. Ein Festival hingegen hat andere Dynamiken, das AnaDoma experimentiert mit

Formen von Selbstorganisation, die sich nur kurzzeitig materialisieren, um dann wieder hinter die Kulissen zu treten.

Hier geht die Arbeit weiter: die Organisator/innen müssen ihren Fachbereich mehrmals übertreten und unter anderem die Abrechnung, die Dokumentation, den Katalog selber machen. Wo aber stellt man einen Ort der Reflexion und damit die Techniken dieser Reflexion über die Arbeitsprozesse her, wenn das Festival schon vorbei ist? In welchen Szenen können diese Techniken entworfen werden? An diesem Punkt können wir die beiden Projekte miteinander verknüpfen und nach der Arbeit fragen, welche die Überschreitungen, die Transformationen und die unterschiedlichen Aufwände repräsentiert. Wie und wo können selbstorganisierte Projekte die eigenen Arbeitsbedingungen reflektieren und in diesem Rahmen die gewussten Praktiken der eigenen Arbeit modifizieren. Dabei gibt es kein perfektes Funktionieren von selbstorganisierten Kinos und Festivals. Es geht nicht darum, eine abgeschlossene Organisationsstruktur zu schaffen, sei sie auch noch so flexibel, sondern es gehört mit dazu, Problematisierungen und Reibungsflächen zu akzeptieren, ohne wiederum das ständige Scheitern zu kultivieren.

Mit dem Begriff Selbstorganisation erscheint sofort auch der Begriff der Arbeit auf dem Schirm. Bei google erscheinen hauptsächlich Seiten mit kybernetischem Wissen.*[2] Internet-soziologisch ist der Begriff erst mit kollektiver Intelligenz und vernetzter Wissensarbeit verlinkt, wurde dann jedoch das Schlagwort, mit dem sich u.a. erneuerte Formen der künstlerischen Freiheit, der Ich-AG und des lebenslangen Lernens kristallisieren. Allerdings umschließt Selbstorganisation auch die Frage nach dem Selbst, wie Foucault sie in ‚Sexualität und Wahrheit III' mit der ‚Die Sorge um sich' historisch nachvollzieht. Er analysiert dabei die Technologien des Selbst*[3] und deren Regulierungsverfahren als eine Macht, die unsere Körper, unsere Praktiken, unsere Existenz bestimmen. Feministische, queer-feministische und kontra-sexuelle Wissenschaften erweitern diesen Begriff der Arbeit zwischen sich und sich selber um die Technologien der Repräsentation – wie der Fotografie und des Films*[4] – als auch um die ‚gender labor'*[5] und die sexuelle Arbeit,*[6] die Foucault damals – warum auch immer – nicht beachtet hat.

In dieser Betrachtung ist Selbstorganisation nicht ein funktionales, fixiertes oder gar individuell-personalisiertes Modell – eine Utopie im Nicht-Ort –, sondern kann

als eine Funktion oder ein Raum wahrgenommen werden, welcher von den beste-
henden Verhältnissen nicht getrennt werden kann und dennoch den Anspruch hat,
anders zu funktionieren. Dieser Raum kann auch nur eine temporäre Verschiebung
bedeuten und so beispielsweise einen außerhalb liegenden Kontext repräsentieren.
Mit dem Wissen um Selbstausbeutung und flexibler Mobilisierung denken wir also
Selbstorganisation trotzdem und gegen die (neo-)liberalen Selbsttechnologien.
Es geht uns um eine Ver-/Aneignung und Sammlung von Praxen mit ihren oft wider-
sprüchlichen Verhältnissen und Besorgnissen umeinander und damit um eine
selbstbestimmte Produktivität, welche nicht in einem Extra-Raum, wo wir die Guten[*7]
sind, stattfindet, und die Frage nach den Formen ihrer Repräsentation. Parallel
dazu stellen wir uns die Frage, welche Räume durch Selbstorganisation immer wieder neu gebildet werden und wie sie sich von den liberalen Formen und Anforderungen der Regierung der Subjekte dahingehend abgrenzen lassen, dass hier re-
pressive Strukturen[*8] von Selbstführung erkannt und dekonstruiert werden können.
Dass dies auch immer einen Aufwand bedeutet, lässt sich in der Produktion und
Technologie eines Videos, eines Festivals oder Kinos sichtbar machen.

   Mit dem Zeigen des Videos **Building Festival** auf dem AnaDoma Festival ging
es uns darum, Repräsentation zu benutzen, um Infrastrukturarbeit zu denaturali-
sieren, ihre ökonomischen Kriterien neu zu programmieren und die Arbeit zwischen
Produktion und Rezeption, des Vor- und Zurückspulens zwischen Versionen des
Selbst und Anderen zu verflechten. Die Problematisierung ökonomisch-sozialer Beziehungen und die darin potenzielle Prekarisierung von privaten Dynamiken spielt
in dieser Form der Selbstorganisation eine große Rolle und benötigt das Verste-
hen-Wollen sowie die Forderung nach Mannigfaltigkeiten in einer politischen
Gemeinschaft, die allzu oft Gleichheit vor jeden verständlichen Beweis ihrer selbst
setzt.[*9]

   Es geht damit auch um die kleinen, sensuellen Zwischenschritte und Mikro-Arbeitsschritte, die metaphorisch für andere Arbeiten stehen können und einen gefühlten
Raum zwischen Privat und Öffentlich entstehen lassen. In diesem Raumentwurf
werden neue Verbindungen gelegt, neue Erscheinungen und Entdeckungen in der
Praxis des Einladens eröffnet. Dies haben wir im Star and Shadow Cinema
als auch beim AnaDoma Festival erlebt. Es ist eine kommunitäre Öffnung

des informellen Austauschs und Produzierens, ohne den Leistungsdruck auf Individuen zu projizieren. Dieser Raum ist auch immer der Raum des Kinos. Wir wollten die vielen Mikro-Arbeitsschritte aller Involvierten markieren, die AnaDoma zu einem spannenden Festival machten. Wir trafen inspirierende Menschen, diskutierten über viele Filme, die zum weiteren Filme-Machen anregten, und tanzten am Ende bis in die Morgenstunden. Dabei betrachten wir auch die Arbeit und den Aufwand, welche nötig sind, um diese Räume herzustellen und zu öffnen, als Erzählung, die uns bewegt. Teresa de Lauretis beschreibt, dass kollektive und öffentliche Phantasien umgearbeitet werden können, nicht nur inhaltlich, sondern auch struktu-rell. Um soziale Effekte zu haben, müssen diese Phantasien jedoch geteilt werden, kollektive Phantasieszenarien sein oder werden.*10

Und um noch einmal zum Anfang zurückzukommen: Als wir die Einladung zum Festival erhielten, erschien diese als eine Anrufung der Phantasie, alle als Macher/innen an-zusprechen. Das Kino als Phantasie und die Phantasie des Festivals braucht ihre Macher/innen.

*1 Teresa de Lauretis (1999): Die andere Szene, Frankfurt am Main, S. 229 /// *2 Self-organization: make links between any arbitrary piece of information (wikipedia, [sic].) /// *3 „Auf sich selbst zu achten, sich als Begehrenssubjekte zu entziffern, anzuerkennen und einzugestehen und damit zwischen sich und sich selber ein gewisses Verhältnis einzuleiten." Michel Foucault (1986): Technologien des Selbst, Frankfurt am Main, S. 11. /// *4 Beatriz Preciado, Gender and Sex Copyleft. In: Del la Grace Volcano (2006): Sex Works, Tübingen, S. 152 /// *5 Jane Ward, ‚gender labor' bezeichnet „die Arbeit, welche nötig ist, um Männlichkeiten und Weiblichkeiten in all den ver-schiedenen Iterationen zu produzieren und aufrechtzuerhalten." in: Kuster/Lorenz: sexuell arbeiten (2006), Berlin. /// *6 In ihrem Buch sexuell arbeiten (2006, Berlin) erfassen die Autorinnen Renate Lorenz und Brigitta Kuster die Produktivität zwischen Individuum/Subjekt und Gesellschaft als ‚sexuelle Arbeit', welche mit bestimmten Fähigkeiten/Fertigkeiten und einem gewissen Aufwand verbunden ist, und machen in diesem Zusammenhang den Phantasiebegriff und den der Umarbeitung von Teresa de Lauretis nutzbar. /// *7 Kulturell berufen wir uns hier auf die Hierarchie und Ideologie der Guten Räume von Punk bis Kunst in der Jugendbewegung und Avantgarde-Identifizierung. Die Machtverhältnisse werden nicht beseitigt, jedoch werden die einvernehmlichen Szenen fortlaufend denaturalisiert, in denen ungleiche Identi-täten gewählt, verworfen, ko-produziert und dann neu erlebt werden. /// *8 Unter anderem verstehen wir darunter die Unsichtbarmachung von Normativen, extreme Mobilisierung und Hierarchisierung, Fixierung der Gender-Arbeit, erzwungene und entwertete Arbeit. /// *9 Vgl. Jacques Rancière: Die Gemeinschaft der Gleichen. In: Joseph Vogl (Hg.): Gemeinschaften. Positionen zu einer Philosophie des Politischen, Frankfurt/Main 1994 /// *10 Vgl. Teresa de Lauretis, (1999): Die andere Szene, Frankfurt am Main

Building Festival | Benjamin Cölle | 2007 | 8 Min. | miniDV | GB | ohne Sprache

Do It Yourself – two revolutionary songs

Zwei Filme über Andere Räume, Selbstorganisation und neue Arbeitskonzepte

Alex Gerbaulet

Gerade haben wir eine Mauer eingerissen, der Vorhang öffnet sich, wir gehen durch die Stadt, am Strand entlang, um gleich darauf in eine U-Bahn zu steigen, die uns zu einer Demonstration fährt. Filme haben den Vorteil, dass sie nicht an Raum und Zeit gebunden sind. Noch im Dunkel des U-Bahn-Schachts, das sich über die Leinwand ausbreitet und nun auch den Kinosaal vollkommen ausfüllt, hören wir die Titelmelodie.

Ein Kind, das im Dunkeln Angst bekommt, beruhigt sich, indem es singt. ... Dieses Lied ist so etwas wie der erste Ansatz für ein stabiles und ruhiges ... Zentrum mitten im Chaos. Es kann sein, dass das Kind springt, während es singt, dass es schneller oder langsamer läuft; aber das Lied selber ist schon bereits ein Sprung: es springt vom Chaos zum Beginn von Ordnung im Chaos, und es läuft jederzeit Gefahr zu zerfallen. Der Ariadnefaden erzeugt immer Klänge. Oder Orpheus singt.[1]

Auch Revolutionäre singen, wenn sie im Chaos der Zustände, die sie aufgewühlt haben, einen Faden aufnehmen. Ihr Gesang ist manchmal schon eine feste Ordnung und wird begleitet von einer klaren Choreografie. Häufiger mag der Gesang sich nach Lärm anhören, nach einem Rauschen, dessen verborgene Rhythmen man erst erkennt, wenn man sich mitreißen lässt.

Beide Filme, von denen hier geschrieben werden soll, erzählen von solchen Liedern. Der Video-Loop **Building Festival** von Benjamin Cölle[2] beschreibt die Rhythmen selbstorganisierter Arbeitsformen am Bau eines alternativen Kinos. Während Nele Wohlatz in **Üben für Utopia**[3] die vielstimmigen Geschichten der Kooperativen in Argentinien mit Proben zu einem Theaterstück über Fabrikbesetzungen und eigenen Texten zu einem komplexen filmischen Essay über utopische Arbeits- und Lebenszusammenhänge montiert.

Zu Anfang des Videos **Building Festival** sehen wir Schwarzbild und hören eine sich aufbauende, lauter werdende Tonspur aus rhythmisch zusammengefassten Sound-Scapes, die sich nach einiger Zeit als akustische Spuren von Arbeit lesen lassen. Hammerschläge. Maschinengeräusche. Dazwischen Satzfragmente in verschiedenen Sprachen. *Mit dem Film ging es uns stark um Atmosphäre. Mehr als darum, etwas zu dokumentieren. Ich wurde dabei inspiriert von einem Film aus Tansania: These Hands. Das ist ein Film über einen Steinbruch und man sieht die ganze Zeit Frauen, die Steine zerklopfen. Ich war sehr an den Rhythmen interessiert, die dort passieren.*[4]

Wenn schließlich das Bild erscheint, haben wir uns schon eine Vorstellung von Arbeit gemacht. Nun geht die Kamera von Raum zu Raum, wird scheinbar herumgereicht und zeigt uns, wie under construction ein Kino entsteht. Der aufgegriffene Faden spannt einen neuen Raum auf. Doch Benjamin Cölle erzählt dabei nicht linear. Es gibt keinen Anfang und kein Ende. Nur andauernde Abläufe. Das koppelt die Arbeit vom Produkt los und verschiebt so die Betonung auf den Prozess. Auch die wenigen Texttafeln im Abspann, in denen wir erfahren, dass ein Kino gebaut wurde, das nun selbstorganisiert betrieben wird, funktionieren als Verweis auf weitere Prozesse und andere Umbauten. Umbau der Kinolandschaft. Umbau der Sehgewohnheiten und Repräsentationsmuster. Gemeinschaft entsteht hier im Prozess und wird nicht als einheitlicher essentialistischer Körper präsentiert.

Auch wenn es sich um konkrete Arbeit handelt, bleibt das Produkt für das Publikum spekulativ. Wir erfahren nichts Genaues über die Bedingungen, unter denen das **Building Festival** stattfindet und wie das Kino im Weiteren arbeiten wird. Die gezeigten Abläufe haben vielmehr Symbolcharakter. So kann man die Betonung des Rhythmischen (d.h. zeitlich sich Entfaltenden) und Unabgeschlossenen (Loop) auch als politisches Modell lesen, das Prozesse immer der Etablierung von Politik als räumliche Machtstruktur vorzieht.[*5] Und genau darin liegt meiner Ansicht nach das politische Potential des Films. Auf der symbolischen Ebene kann eine politische Handlungsfähigkeit proklamiert werden, ohne sich einer pragmatischen Problemlösung verschreiben zu müssen. So fragmentarisch non-linear wie der Film gestaltet sich auch das politische Handeln, wenn es sich nicht augenblicklich nach den kleinsten Errungenschaften schon zur Ruhe setzen will und nur Räume schafft, um Institutionen zu vermehren.

Auch Nele Wohlatz geht es in ihrem Film **Üben für Utopia** eher um die Erforschung realer Prozesse als um die Betrachtung von Räumen oder Verräumlichungen des sozialen Umbruchs. Und das trotzdem oder gerade, weil sie konkrete Räume aufsucht.

Für ihren Film ist die Szenografin und Dokumentarfilmerin einige Jahre nach dem Höhepunkt der sogenannten Argentinienkrise mit einer deutschen Theatergruppe nach Buenos Aires gereist, um dort die Entwicklung eines Theaterstückes über die jüngste Geschichte der Fabrikbesetzungen filmisch zu begleiten. Über die Theaterproben hinaus beobachtet sie Alltag und Arbeitsabläufe in den besetzten Fabriken und in der Stadt, um sich selbst ein Bild zu machen. Die Arbeit an ihrem Film ermöglicht ihr den Zugang zu den Produktionshallen, Verwaltungsgebäuden, Versammlungen und Demonstrationen. Sie befragt Arbeiter/innen und Frauen aus der Verwaltung verschiedener Kooperativen, einen Psychoanalytiker, der eine eigene

Kooperative gegründet hat und die Prozesse der Fabrikübernahmen begleitet; sie nimmt Stimmen aus den Versammlungen auf und verfolgt die Entstehung der Texte für das Theaterstück, das in einem besetzten Hotel geprobt wird.

All diese Orte könnte man als Heterotopien bezeichnen, deren Ein- und Ausschlussmechanismen Nele Wohlatz untersucht – nicht zuletzt, wenn sie ihr eigenes Verhältnis zu den Eindrücken um sich herum befragt.

Heterotopie ist ein Begriff, den Michel Foucault in den 60er Jahren in seinem Aufsatz Andere Räume einführt. Im Gegensatz zur Utopie, die immer irgendwie unwirklich bleibt, sind Heterotopien reale Orte. Und auch wenn Nele Wohlatz ihren Film **Üben für Utopia** nennt, ist doch bereits das Wort Üben ein Indiz dafür, dass sie sich weniger für die Utopie selbst als für die konkreten Prozesse interessiert. Der Begriff Heterotopie bezeichnet – analog zu Foucaults Konzeption von Macht – Räume, die den bürgerlichen öffentlichen Raum vervielfältigen und mit einem Netz aus heterogenen Gegen-/Entwürfen durchziehen. Räume, die zwar nicht außerhalb der Mächte einer bürgerlichen Öffentlichkeit entstehen – nicht einmal als eindeutige Gegenentwürfe –, die sogar mit allen anderen Räumen in Beziehung stehen und die dennoch so etwas wie realisierte Utopien darstellen, *„in denen die wirklichen Plätze innerhalb der Kultur gleichzeitig repräsentiert, bestritten und gewendet sind (...).“*[*6] Wie die besetzten Fabriken und Kooperativen in Argentinien, die zwar immer noch unter Produktionsdruck stehen, um die Existenz der Mitarbeiter/innen abzusichern, in denen dennoch Prozesse der Selbstermächtigung Vorstellungen von Arbeit und Gemeinschaft in Bewegung gebracht haben.

In Nele Wohlatz' Film haben alle Akteure ihre eigenständigen Positionen.[*7] Sie werden weder sprachlich vereinheitlicht als Teile von etwas noch repräsentieren sie eine gemeinsame Idee. Vielmehr entsteht hier, wie auch in Benjamin Cölles Video-Loop, Gemeinschaft im Prozess, im Widerspruch, in der Selbstbefragung.

Die aus der Bewegung der Kooperativen entstandenen Frei-/Räume sind vor allem multipel. Nicht das eine Andere, sondern viele. Als realisierte Utopien sind sie gleichzeitig materielle und metaphorische Orte. Diese zweifache Räumlichkeit macht es möglich, diese Orte als soziale Praktiken zu begreifen und zu sehen, wie sich Vorstellungen, Begehren, Mythen und Erzählungen an realen Orten in Fabriken, Hotels, Kooperativen und auf den Straßen materialisieren und sie in Heterotopien verwandeln. Diesen Prozess zeichnet Nele Wohlatz auch in ihrem Off-Kommentar nach, wenn sie faktisches Wissen, reale Erlebnisse, Träume, Briefe an die Eltern sowie Koordinaten ihrer Reise und ihres Filmvorhabens textlich miteinander verbindet. Sie bewegt sich in ihrem Text durch physische Räume ebenso wie durch die Sedimente ihrer eigenen Lebenspraktiken und Vorstellungen sowie durch die der argentinischen Gesellschaft.

Ihre Frage nach der Möglichkeit der Solidarisierung lässt die Erforschung der verschiedenen sozialen und politischen Praktiken, die ihr begegnen, nur umso dringlicher erscheinen. Die Position, die sie für sich reklamiert, ist die der außerhalb Stehenden und doch scheint sie permanent in Frage zu stellen, ob es ein solches Außen überhaupt gibt. Und wenn wir immer schon involviert sind, wie verhalten wir uns?

Im Off-Kommentar beschreibt sie den Wunsch, mit eigenen Augen sehen zu wollen, und das Bedürfnis, etwas zu verstehen. Die Anziehungskraft, die dabei gerade Argentinien auf sie hat, mag darin liegen, dass sich hier seit Ende der 90er Jahre etwas ereignet hat. Ein Ereignis trotz allem. Trotzdem die Einflussmöglichkeiten der Arbeiter/innen und Bürger/innen weltweit immer geringer geschätzt werden.

Trotzdem der wirtschaftliche Umbau Argentiniens mit einer großen Privatisierungswelle seit Anfang der 90er Jahre unaufhaltsam erschien. Trotzdem immer noch allzu oft von nur EINER Moderne und EINER linearen Geschichte ausgegangen wird, obwohl es andere Geschichtsmodelle und andere Modernisierungstheorien gibt. Tatsächlich gibt es mehrere Geschichten.

Die sogenannte Argentinienkrise hat Ende der 90er Jahre angefangen und wirkt bis heute nach. Es könnte die Geschichte eines Zusammenbruchs sein. Bankenkrise, Massenarbeitslosigkeit, Kapitalflucht, Armut. Stattdessen müssen wir heute komplexere Geschichten erzählen und auch vom Ereignis der Selbstermächtigung sprechen.

In einer großen Privatisierungswelle Anfang der 90er Jahre wurden in Argentinien viele Staatsbetriebe verkauft, was unter anderem dazu führte, dass weite Teile der argentinischen Wirtschaft vom Ausland abhängig wurden und somit auch anfällig für Spekulation und Kapitalflucht. Ein Phänomen, das Ende 2001 maßgeblich zur Bankenkrise beigetragen hat, in deren Zuge viele Fabriken geschlossen wurden. Als Auswirkung stieg neben den Arbeitslosenzahlen auch die Zahl der Unterbeschäftigten und der Angestellten in der informellen Wirtschaft, wie beispielsweise die Cartoneros, die im Müll nach recyclebaren Materialien suchen und diese dann verkaufen. Diese Zustände führten zu immer mehr Protesten und Demonstrationen. Die Protestierenden haben Straßenblockaden gebaut und wurden nach 2001 zeitweise zu einem wichtigen Machtfaktor in der argentinischen Politik.

Weitere Geschichten erzählen von der Einführung alternativer lokaler Währungen als Versuch, Kapitalflucht und Inflation einzudämmen. Oder von der Entstehung von Tauschringen, die zum Teil eine freiwirtschaftliche Ideologie (zinslose Wirtschaft) verfolgten, meist jedoch, als Ausgleich für die fallenden Gehälter, dem Austausch von Lebensmitteln und Dienstleistungen dienten. Sie wurden ab 2001 zu einem wahren Massenphänomen. Praktiken, die nicht zuletzt antikapitalistische linke Bewegungen in Europa inspiriert und beflügelt haben.

Und schließlich die Geschichte der landesweiten Fabrikbesetzungen, zu denen es nach dem endgültigen Zusammenbruch der Wirtschaft kam.[*8] Heute befinden sich noch immer mehr als 200 Fabriken in Arbeiterselbstverwaltung und beschäftigen mehr als 10.000 Mitarbeiter/innen. Fast alle diese Betriebe bestehen als Kooperativen.[*9]

„In der Weltpresse und vor allem in der linken Presse wird die Bewegung in Argentinien seit Ende der 90er Jahre beobachtet. Auch mich hat das sehr beschäftigt. Ich wollte nach Buenos Aires, weil ich hoffte, dann etwas über Weltwirtschaft zu lernen oder den Begriff Utopie zu verstehen. Aber als ich da war, habe ich mich plötzlich gefragt, was ich hier eigentlich mache. Wie kann ich solidarisch sein? Ich gehe dahin und weiß eigentlich gar nichts. Für mich wird da der Begriff des Übens wichtig. Man kann ja nur üben.“[*10]

Der Begriff des Übens ist im Kontext der Zurück-/Eroberung von Handlungsspielräumen schon deshalb produktiv, weil er einen offenen Prozess beschreibt. Das Üben ist eine tendenziell unabgeschlossene Bewegung, die sich auch Verwerfungen und neuen Entwicklungen öffnet, weil sie immer über den momentanen Zustand hinaus will.

Auch wer politische Zustände ändern möchte, begibt sich in einen solchen Prozess der andauernden Bewegung. Immer mehr Menschen greifen auf alternative Konzepte als ein Mittel zum selbstbestimmten oder widerständigen Handeln zurück, weil sie den massiven kapitalistischen Druck nicht aushalten.[*11] Eine Möglichkeit ist es, als Antwort auf den verstärkten Druck mit Formen und Initiativen zu reagieren, die Demokratisierungsprozesse mitdenken und gestalten. Eine Fabrik besetzen, ein Kino bauen, ein Festival initiieren.

Üben für Utopia ist auch ein filmischer Essay über die komplexen Beziehungen von Film und Realität, Kunst und Politik sowie über das Filmemachen selbst.

Als Filmemacher/in kennt man das: Bilder, die einfach schwer zu filmen sind oder gar nicht, weil es Momente gibt, in denen man die Kamera besser ausgeschaltet lässt.*[12] Dennoch haben diese ungefilmten Bilder ihr Eigenleben im Prozess des Filmemachens. Wenn Nele Wohlatz einige Begebenheiten aus dem Off beschreibt, anstatt sie zu zeigen, oder von ihren Träumen erzählt, dann ist das wie eine Brücke zu all den ungefilmten Bildern und somit zu ihrem ganz eigenen Prozess des Filmemachens. Dadurch ist der Film schon mehr als eine reine Dokumentation. Es geht auch um die Bedingungen und Möglichkeiten des Bildermachens und um die Frage, wie man von einem Ereignis berichten kann.

„Kamera, Ton, Interviews – alles habe ich selbst gemacht. Ich habe versucht, eine Nähe herzustellen, und gleichzeitig war ich dieser technische Apparat. Deshalb blieb fast immer eine Distanz. Bis auf ein paar Momente. Das waren aber keine spektakulären Momente, in denen ich zum Beispiel etwas Privates von den Leuten erfahren habe, sondern es waren Fehler im Ablauf. Wenn Meschen aus der Rolle gefallen sind, weil es eine Unterbrechung gab. Das waren die Momente, die mich interessiert haben."

Was könnte angemessener sein, um sich einer politischen Bewegung anzunähern, als Menschen zu zeigen, die aus der Rolle fallen? Dieses Aus-der-Rolle-Fallen meint aber nicht etwa einen voyeuristischen Moment, vielmehr sind sich die Gefilmten der Kamera sehr bewusst. Sie unterwerfen sich ihr aber nicht, sondern blicken bei-spielsweise direkt ins Objektiv und durchkreuzen so den filmischen Raum oder sie geben Zeichen, um zu signalisieren, dass sie gerade bewusst etwas für die Kamera getan haben. Statements. Sie werden nicht nur gefilmt, sondern gestalten ihre Repräsentation mit. Nicht zuletzt durch diese bewusst montierten Momente macht der Film deutlich, dass er Subjekte zeigen möchte.

Neben dem Kommentar und der darin zum Ausdruck gebrachten Selbstreflexivi-tät sind es diese Fehler im Ablauf, diese Bilder, die auf die Anwesenheit der Kamera verweisen, die Nele Wohlatz als Authentifizierungsstrategien verwendet und kenntlich macht. Authentizität sucht sie nicht in der Sache selbst, sondern sie ver-mittelt sie über verschiedene Strategien und zeigt sie als Ergebnis ihrer filmischen Bearbeitung.

In beiden Filmen sind es einmal die unregelmäßigen Rhythmen der Abläufe, die dabei herauszuhören sind, und ein anderes Mal der heterogene Chor verschie-dener Melodien, die vom Herstellen oder Intensivieren ästhetisch-kreativer und po-litischer Prozesse erzählen.

Abblende ins Schwarz. Abspann. Ein Text von Alex Gerbaulet über Filme von Ben-jamin Cölle und Nele Wohlatz. Das Licht geht an. Das Gespräch kann beginnen. Den Kinosaal geschlossen verlassen.

*1 Deleuze/Guattari, Tausend Plateaus, Berlin 1992, S. 424 /// *2 **building festival**, Benjamin Cölle, GB 2007, 8 Min., miniDV /// *3 **Üben für Utopia**, Nele Wohlatz, D/AR 2006/2007, 66 Min., miniDV, Sprache: es/dt mit dtUT /// *4 Benjamin Cölle in einer Diskussion während des 1. AnaDoma Festivals in Braunschweig, 25.– 27. Januar 2008, www.anadoma.de /// *5 Politik hat eine topographische Struktur, denn sie ist bemüht, Bedeutungen zu fixieren, also den Fluss der Zeit tendenziell anzuhalten und chronologische Abfolgen synchron zu präsentieren. Ernesto Laclau geht davon aus, dass jedes Bedeutungssystem sich jedoch nur stabilisieren kann, wenn es sich gegenüber einem konstitutiven Außen abgrenzt. Wenn es sich aber an etwas konstituiert, das radikal anders ist, kann es sich niemals vollständig stabilisieren, da genau das, was seine Entstehung möglich macht, es permanent subvertiert. Ein totalitäres System ist nach dieser Vorstellung nicht möglich. Die Ambivalenz dieser Konstituierung nennt Laclau Dislokation, ein temporales Phänomen, das für ihn das Politische im Gegensatz zur Politik ist. Raum ist so aber nicht passiv zur Zeit gesetzt, sondern dadurch, dass er sich permanent herstellen muss, im Gegenteil das Resultat einer artikulatorischen performativen Praxis. /// *6 Michel Foucault, Andere Räume, aus: Other Spaces. The Affair of the Heterotopia, Graz 1998 /// *7 Auch die Filmemacherin selbst befragt immer wieder ihre eigene Position. Dazu Veronika Gerhard in einer Diskussion mit Nele Wohlatz: „Ich habe schon viele Filme gesehen, die versucht haben, diese reflexive Ebene einzubauen, aber ich finde, du klärst immer im Subtext was, was du für eine Position einnimmst. Das hast du im Film unter anderem mit dem Psychologen besprochen bzw. deinen Eltern davon geschrieben. Das gefällt mir. Du thematisierst, dass man nicht unbedingt Teil einer Subjektgruppe sein muss, um die Problematik nachvollziehen zu können oder sich zu solidarisieren. Das ist für mich auch das Utopische an deinem Film." /// *8 Nele Wohlatz: „Das ist ein wichtiger Punkt bei der ganzen Bewegung. Die Leute machen das nicht in erster Linie aus einer Ideologie heraus. Sie sind nicht unbedingt aus politischer Überzeugung darauf gekommen, eine Fabrik zu besetzen, sondern aus einer Notwendigkeit heraus. Und viele haben gesagt, sie hätten gerne so weitergearbeitet wie vorher, nur gab es auf einmal keine Arbeit mehr. Und es gibt eben auch keine Arbeitslosenversicherung." /// *9 Ist es vorstellbar, dass hierzulande Arbeiter/innen beispielsweise das Nokia-Werk in Bochum besetzen und sich Ausbildungsstätten oder Universitäten anschließen würden, um auf die gesamt-gesellschaftlichen Folgen einer solchen Fabrikschließung hinzuweisen? Diese Geschichte zumindest wurde noch nicht geschrieben. /// *10 Alle Zitate (sofern nicht anders gekennzeichnet) sind von Nele Wohlatz in einer Diskussion während des 1. AnaDoma Festivals in Braunschweig, Januar 2008. /// *11 Man muss sich heute allerdings fragen, wann Selbstorganisation anfängt, Lücken im System zu füllen, und ein kalkulierbarer Faktor wird, um politische Verantwortung auszulagern. So wie es staatlich geförderte Gemeinwohlunternehmen tun, die ihrerseits auf eine Krise politischer Organe verweisen. „Die reduzierten Möglichkeiten politischer Partizipation sollen demnach durch Arbeit kompensiert werden. Der Staat spart Geld und die Bürger sind sinnvoll beschäftigt." (Christian Kravagna, Arbeit an der Gemeinschaft aus: Marius Babias/Achim Könneke (Hg.), Die Kunst des Öffentlichen, Dresden 1998) / Auch eine Bewegung wie die der Fabrikbesetzungen in Argentinien muss vor dieser Folie gelesen werden. „Die Subjektivität eines Arbeiters mit Chef sieht so aus, dass er acht Stunden arbeitet und dann nach Hause geht. In dem Film wird thematisiert, dass die Leute jetzt zum Teil 12 Stunden am Tag und länger eingespannt sind, dass sie kein Privatleben mehr haben oder dass viele Arbeiter sogar in der Fabrik leben, weil sie nicht genug verdienen, um außerhalb leben zu können. Da fragt man sich, ob es nicht einfacher ist, acht Stunden am Band zu stehen und dann nach Hause zu gehen statt dieser totalen Anforderung." (Veronika Gerhard in einer Diskussion mit Nele Wohlatz während des 1. AnaDoma Festivals) /// *12 Auszug aus der weiteren Diskussion: Nele Wohlatz: „Einmal bin ich zu einem (Putz-Arbeiter) gegangen und habe ihn interviewt und bei der Arbeit gefilmt. Das war kompliziert, weil er in einem wohlhabenden Viertel gearbeitet hat und die Hausbesitzer das Einverständnis geben mussten, dass ich filmen darf. Der Mann von dieser Kooperative hat sechs Tage die Woche gearbeitet und hatte einen freien Tag, an dem er arbeiten sollte. Er hat sich geweigert und ihm wurde gekündigt. Von der Kooperative. Das ist ein Beispiel für eine Kooperative, in der es einfach neue Chefs gibt. Sie haben auch nur eine Versammlung im Jahr, obwohl die Kooperativen eigentlich eine Versammlung im Monat haben. Da kommen vielleicht 120 von 300 Leuten, weil die anderen 24 Stunden Dienst haben." / Veronika Gerhard: „Das ist interessant. Die Arbeiter haben erzählt, das Übelste wäre schon morgens der Lochkartenautomat gewesen. Wenn sie die Lochkarte fünf Minuten zu spät reingesteckt haben, dann war schon eine halbe Stunde verloren. Ich dachte, sie kommen jetzt, wann sie wollen. Sie haben den Lochapparat von der Wand gerissen, stattdessen aber nun eine Person dort hingesetzt, die aufschreibt, wann wer kommt. Das fand ich interessant, dass sie zwar die Geräte abschaffen, die sie kontrolliert haben, aber nun human controls haben." / Alex Gerbaulet: „Trotzdem gibt es den Moment der körperlichen Arbeit, der interessant ist. Jeder von uns kennt Filme über Fabrikarbeit, wo am Fließband irgendwas hergestellt wird. Aus der Kooperative im Film sieht man jetzt fast die gleichen Bilder, aber das Zeitempfinden ist ein anderes. Die Leute bewegen sich langsamer. Es scheint, dass sie (ihre) Zeit haben, das zu tun, was sie tun müssen. Im Film ist die Rede von der Zurückgewinnung der Subjektivität der Arbeiterinnen. Diese eine Frau z.B., die fragile Kartons faltet, sich viel Zeit lässt, da herumzustapeln, und dann ab und zu einem Karton auf dem Fließband einen Schubs gibt ... Man bekommt den Eindruck, dass sich die agierenden Körper sehr verändert haben." / Nele Wohlatz: „Die Maschinen wurden aber auch lange nicht mehr modernisiert ... Es wird viel manuell gemacht, was man genauso gut maschinell machen könnte." / Alex Gerbaulet: „Die Gefahr ist natürlich, dass man einer Sozialromantik verfällt. Da hast du sicher Recht."

Üben für Utopia | Nele Wohlatz | 2006/2007 | 66 Min. | miniDV | D/AR | Sprache: es/dt mit dtUT

Die Krux mit der Wirklichkeit

Der Film zwischen Repräsentation und Konstruktion

Markus Brunner

„Die Errettung der äußeren Wirklichkeit" forderte Siegfried Kracauer im Untertitel seines Werks „Theorie des Films", einer Kampfschrift für den filmischen „Realismus". Doch was ist diese „Realität", die es im Film zu repräsentieren gilt, wie kann das dem Film „Äußere" in ihm zum Vorschein gebracht werden? Schon die Anführungszeichen zeigen mein Unbehagen, die Realität, das Äußere, einfach vorauszusetzen. Wie ist denn die Realität beschaffen, die es zu repräsentieren gilt? In welcher Form existiert sie? Existiert sie überhaupt jenseits der Bilder, die wir von ihr haben? Spätestens seit dem Aufkommen „postmoderner" Theorien ist wohl kaum mehr zu übersehen, dass der Film – nicht nur der Spielfilm, sondern auch der sich dokumentarisch nennende – immer auch eine spezifische Realität produziert und konstruiert. Was ich filme, wie ich es filme, wie ich schneide und montiere, mit welchem Ton ich die Bilder versehe, wie ich sie kommentiere; all dies schafft auch die Wirklichkeit, die der Film präsentiert. Und doch: Ist das Geschehen, das der Film dokumentieren will, nicht auch schon da, bevor die Filmemacher/in vor Ort ist, bevor die Kamera in Stellung gebracht wurde? Ist nicht das Außerfilmische – ein Ereignis, ein Objekt oder auch nur ein Gefühl – der Anreiz, überhaupt einen Film darüber zu drehen? Wie lässt sich dieses aber vor dem Hintergrund des Wissens um die filmischen Konstruktionsleistungen einfangen, zur Sprache bringen?

In dieser Spannung zwischen dem Willen zur Repräsentation äußerer Realität und ihrer Konstruktion bewegt sich notwendig jeder dokumentarische Film; einen Ausweg aus dem Dilemma gibt es nicht. Bleibt nur die Möglichkeit, diese Spannung selbst im Film zu reflektieren, den Prozess der Herstellung der dokumentierten Realität, ihrer Gestaltung im Zuge des Dokumentierens erkennbar zu machen. Dies kann explizit geschehen im Befragen der eigenen Bilder durch einen verbalen Kommentar, wie dies in essayistischen Filmen immer wieder geschieht. Oder aber implizit dadurch, dass die Intervention der Kamera sichtbar gemacht oder durch Irritationen und Verunsicherungen die Glaubwürdigkeit des Films und seiner Bilder verunsichert wird, um so die Zuschauer/innen für die Konstruktionsleistung zu sensibilisieren. Ich will im Folgenden anhand ausgewählter AnaDoma-Filme einigen dieser Strategien filmischer Selbstreflexion nachspüren.

In **Üben für Utopia** reflektiert Nele Wohlatz explizit ihre eigene Position. Hier wird vor allem der Blick von außen, der Blick einer jungen deutschen Studentin auf die um ihre Arbeitsplätze kämpfenden argentinischen Arbeiter/innen thematisiert: *„Ich schaue von außen auf etwas, das mir fremd bleibt."* Wohlatz berichtet von einem Gespräch mit ihrer Freundin Paula, in der sie die Frage äußert, ob sie hier sei, *„um einen Zustand zu analysieren oder aus einer diffusen Sehnsucht nach Solidarität"*, worauf Paula zurückfragt, ob es da überhaupt einen Unterschied gäbe, und wenn, eine Möglichkeit zu wählen. Diese Spannung zwischen Dokumentation und Analyse eines Zustandes einerseits und dem Wunsch der Filmemacherin nach der Teilhabe an einer gelebten Utopie andererseits zeigt sich durch den Film hindurch. Die interviewten Arbeiter/innen berichten vom harten, aber siegreichen Kampf gegen die vormaligen Eigentümer der Fabriken und gegen den Richter, der ihnen nicht zutraute, selbständig eine Fabrik leiten zu können. Der Kampf war entbehrungsreich, Familien zerbrachen, Genoss/innen sprangen ab, die Zukunft war unsicher, doch mit der Enteignung und der Übergabe der Fabriken an die Arbeiter/innen-Kooperative sind die Arbeitsplätze gesichert und – dies macht die Utopie aus – der Chef ist weg. Stolz berichten die Arbeiter/innen davon, wie sie sich als erstes den Chefsessel angeeignet und die Stechuhr abgeschafft haben, dass sie nun ihre Arbeit selbst einteilen können und jetzt als selbständige Unternehmer/innen den Markt „zurückerobern". Dass dieser gnadenlose Markt nun unmittelbar der neue Chef ist, dass die Stechuhr durch die Sekretärin ersetzt wurde, die sich die Zeiten notiert, und dass die Arbeiter/innen nun – wohl weil sie das Geld brauchen – lieber noch mehr arbeiten als früher, anstatt mehr Leute in die Kooperative aufzunehmen, bleiben Bemerkungen am Rande.

Zwar werden auch neben dem Erfolg der Arbeitsplatz- und Existenzsicherung tatsächlich errungene objektive und subjektive Freiheitsmomente und auch die Solidarität in und zwischen den Kooperativen immer wieder sicht- und spürbar. Dennoch bleibt die Situation eine von allen Seiten idealisierte. So schwärmt auch der sozialistische Psychoanalytiker davon, dass die Arbeiter/innen durch die selbständige Arbeit ihre Subjektivität zurückgewonnen hätten und hier die Fabrik zum „einzigen Lebensinhalt" der Arbeiter/innen geworden sei. Wäre nicht gerade die Freiheit von Arbeit erst wirkliche Freiheit? Auch wenn die Filmemacherin nie nachbohrt, sich nicht gestattet, den Himmel der Utopie zu trüben, liegt die Stärke des Films gerade darin, dass er sich diese Idealisierungen nie wirklich zu eigen macht. Stets bleibt – trotz der Sehnsucht nach der Utopie – in vielen Selbstreflexionen die eigene Distanz, der fremde Blick das Thema. Auch die Kamera ist eine Fremde in der Fabrik und greift dadurch automatisch in das Geschehen ein. Neugierig blicken die gefilmten Arbeiter/innen lange in die Linse, das Interview mit der Sekretärin wird durch den Fabrikalltag unterbrochen und umgekehrt und für die Kamera mischt ein Arbeiter auch gerne und stolz Lebensmittelfarben zusammen, die er aber gleich wieder wegschüttet. Durch solche Irritationen wird neben den verbal geäußerten Zweifeln anschaulich die Objektivität der Darstellung relativiert.

Ein zusätzliches, außergewöhnliches Element der Selbstreflexion bietet die Dokumentation junger Schauspieler/innen, die ebenfalls aus Deutschland angereist sind, um sich zusammen mit argentinischen Kolleg/innen in Form eines Theaterstücks mit der Situation der Arbeiter/innen in den übernommenen Fabriken auseinanderzusetzen. Das Potential dieser Konfrontation sowohl der Arbeiter/innen-Realität mit ihrer ästhetischen Reflexion wie der Fabrik-Arbeit mit derjenigen der Künstler/innen bleibt zwar bei weitem unausgeschöpft. Aber doch reflektieren die Theater-Proben, in denen minutiös einzelne Textpassagen immer und immer wieder korrigiert werden, und die auch bei den Schauspieler/innen zu verzeich-

nende Ambivalenz zwischen Analyse und Teilnahme an der Arbeiter/innen-Utopie die eigene Arbeit der Filmemacherin.

Eine andere Form der Selbstreflexion bietet Sebastian Bodirskys **Sag nicht, es sei dunkel.** Der Film zeigt Impressionen aus Belgrad. Großräumige Schwenks führen über graue Häuser, Baustellen und viele Treppen, aber auch das rege Treiben auf den Straßen und Märkten wird in langen Einstellungen dokumentiert. Immer wieder verfolgt der Film Passant/innen oder er fixiert herumstehende Menschen, die die Kamera nicht zu bemerken scheinen. Einsamkeit und Traurigkeit werden spürbar, dazu das ständige Geräusch von Straßenverkehr. Plötzlich und sehr überraschend dreht sich einer der herumstehenden Männer zur Kamera hin und spricht den Filmemacher und uns an: *„Wenn du die Leute hier stehen siehst, stellst du dir also vor, dass sie posieren?"* Tatsächlich wird mit dieser Anrede der eigene Blick radikal verändert, die Bilder verlieren an Glaubwürdigkeit, produzieren Zweifel. Lässt der Filmemacher die Menschen nur für die Kamera posieren? Was ist das für eine Realität, die er uns präsentieren will? Auch die Erwartungshaltung verändert sich. Welche der dargestellten Menschen und Handlungen sind nur für den Film inszeniert, wer wird bald wieder in die Kamera sprechen? Immer wieder blicken Leute direkt in die Kamera, ziehen dann aber weiter. Sie scheinen ‚echt' zu sein. Wie lässt sich denn die ‚Echtheit' von der ‚Inszenierung' unterscheiden? Verändert nicht nur schon die Kamera, die sie bemerken und an die sich ihr eigener Blick heftet, ihr Verhalten? Das Filmemachen wird als interaktives Geschehen sichtbar.

Der Mann stellt auch eine nächste Frage: *„Du hast also gehört, dass die Frau, die da mit dem Plastikeimer auf dem Gehsteig steht und Blumen verkauft, dass sie im Sozialismus Architektin war?"* Später fragt uns eine Frau, ob wir auch gehört hätten, dass zur Zeit der NATO-Bombardierungen plötzlich alle Belgrader ihre Fahrräder aus dem Keller geholt hätten, um damit herumzufahren. Bilder, die sich der Westen von postkommunistischen Ländern und Kriegsgebieten macht, mögliche Projektionen des Filmemachers wie des Publikums werden damit aufgegriffen und als zweifelnde Frage zurückgespiegelt. So wird offenbar, wie Vorurteile, die wir möglicherweise über Belgrad und seine Einwohner/innen haben, auch unseren Blick auf die Bilder der Stadt prägen. Und es wird Misstrauen gegenüber Bildern, ihrer Herstellung und Verbreitung überhaupt evoziert. Die junge Frau fragt uns, ob wir auch gehört hätten, dass der Krieg, obwohl er in der Stadt tobte, den städtischen Alltag kaum beeinflusste, und ob wir nicht fürchteten, dass wir ihn deshalb damals gar nicht wahrgenommen hätten. In welchen Bildern wird Krieg sichtbar? Würden wir ihn erkennen, wenn er sich nicht in den Bildern präsentiert, die wir von ihm kennen? Ist es möglich, dass wir auch heute Kriege „übersehen"? Die Bilder, die wir von der Realität haben, prägen auch die Wahrnehmung dieser Realität. Dies macht Bodirsky in der Spannung zwischen der Präsentation von Eindrücken der Stadt und ihrer gleichzeitigen Dekonstruktion sichtbar.

Auch Joana Coppi arbeitet in ihrem Film **Cambiar** mit Irritationen. Anders als in Bodirskys **Sag nicht, es sei dunkel**, der mit seinen Fragen einen abrupten Frontalangriff auf die Zuschauer/innen startet und dadurch Brüche in der Wahrnehmung verursacht, verunsichert Coppi durch subtile, zuweilen kaum merkliche Verschiebungen von Subjekt- und Objektpositionen. Zu Beginn wird das Bild als dokumentarisches etabliert. Die auf ein Fahrrad gebundene Kamera filmt eine Straße in Buenos Aires und folgt schließlich einer darauf entlangschlendernden jungen Frau. *Ich dokumentiere diese Straße und eine Frau, die einkaufen geht,* erklärt eine weibliche Stimme aus dem Off, offensichtlich die Filmemacherin. Schon bald ist diese Frau Objekt der Anrede: *„Ich folge dir. Du passt besser in diesen Film."* Eine andere Stimme wirft ein: *„Kannst du noch etwas über dich sagen?"* – *„Ach so, ja, ich bin die Protagonistin."*

Spätestens an diesem Punkt wird unklar, welche Position denn spricht, aus ihrem Leben erzählt, den Kamerablick und Geschlechterverhältnisse erörtert. Ist es immer dieselbe Person? Oder mehrere? Die Stimmen sind kaum unterscheidbar. Und wie stehen die Sprecherinnen zu der im Bild erscheinenden Frau? Schließlich wird auch das Bild selbst erschüttert, die vermeintlich dokumentarische Szene entpuppt sich als inszenierte. Im weiteren Verlauf des Films werden immer wieder auch visuell Positionen gewechselt, unklar bleibt, wer Erzählerin ist und wer welche Rolle im Beziehungsgefüge der Personen einnimmt. Diese Strategie des permanenten, irritierenden Verschiebens ist subversives feministisches Programm, unterläuft den identifizierenden und vereindeutigenden Blick der Zuschauer/innen.

Explizit verhandelt der Film auf der sprachlichen Ebene verschiedene feministische Themen. Es wird über die performative Herstellung von Geschlecht durch Kleidung und über unmögliche Weiblichkeitsentwürfe gesprochen; eine Sängerin entblößt durch gesungene Zwischenkommentare den machistischen Gehalt des von ihrem Kollegen vorgetragenen Tangos, zwei Frauen tanzen dazu, abwechselnd die Führung übernehmend, Queer Tango. Auch das Filmemachen wird dabei

thematisiert: die Ambivalenz der voyeuristischen Kameraposition, die eine Machtposition mit sich bringt, aber auch Distanz zu den Darsteller/innen, Einstellungen werden nach ihrem Effekt auf die Sexualität der Zuschauer/innen befragt und die Produktionsbedingungen innerhalb postkolonialer Machtbeziehungen reflektiert. Auf verschiedenen Ebenen durchziehen und überlagern sich damit in **Cambiar** inhaltlich wie formal Reflexionen, Positionsbestimmungen und Subversionsstrebungen, die die Möglichkeiten einer feministischen Filmpraxis ausloten.

Explizite (film-)theoretische Referenzen sind auch in Florian Krautkrämers **In-Resonanz** ein Medium filmischer Selbstreflexion. Fragmentarische Thesen und Fragen zur Filmgeschichte, zur Konstitution von Körpern und zur Virtualität des Films stehen sich gegenüber, untermalt und unterstützt von einer Unmenge an Found Footage. Erörtert wird das komplexe Wechselverhältnis von Film und Körper. Der Körper als Objekt vor und als Subjekt hinter der Kamera, auch der Körper der Zuschauer/innen vor der Leinwand sind konstituierende Momente des Films. In einem historischen Rückblick beschreibt Krautkrämer die mithilfe der Serienphotographie betriebenen wissenschaftlichen Analysen von Körperbewegungen als Ursprungsmoment des Films. Das Bild dekonstruiert und konstruiert dabei den Körper zugleich. Erst in seiner virtuellen Abstraktion und in der zeitlichen Zerstückelung in Einzelbilder wird der lebendige Leib als wissenschaftliches Objekt erkennbar und handhabbar. Dieser Objektivierung des Körpers setzt Krautkrämer den Körper als geschmeidiges Subjekt entgegen: vorgebracht wird, *„dass kein Stativ, kein Dolly und kein Kram eine Kamera so elegant und frei führen könne, wie es der menschliche Körper vermag."* Dass dieses physische Subjekt sich jedoch selbst immer auch vermittels der Virtualität konstituiert, machen Kommentar und Bilder immer wieder deutlich: Die zweimaligen Anspielungen auf die Lacan'sche These vom Spiegelstadium, in welchem sich das Kind über sein Spiegelbild erst als einheitliches Subjekt erschafft, unterstrichen durch Bilder eines Kindes vor einem Spiegel wie auch die die Bildebene dominierenden Sequenzen aus Filmen von David Cronenberg, die sich stets mit der Prothetisierung des Fleisches und der technischen Vermitteltheit des Körpers auseinandersetzen, stellen die abstrakte Gegenüberstellung selbst wieder infrage. Schließlich wird auch der Konstruktionsprozess der Rezipient/in noch ins Spiel gebracht. Der mit individuellen Erfahrungen gesättigte Leib ist Resonanzraum, in dem der Film als bedeutungsgeladener erst entstehen kann. Der

Film als flüchtiges, nur aus Licht und Schatten bestehendes Bild ist auf die Materialität des abgebildeten und rezipierenden Körpers – wie auch des Zelluloids – angewiesen. Diese Materialität selbst konstituiert sich aber wiederum erst in seiner medialen Repräsentation.

In der Zusammenstellung unterschiedlichster Bild- und Tonfragmente, die sich ergänzen und gegenüberstehen, generiert die Montage immer wieder neue Bedeutungen. So wird formal der Prozess der steten Dekonstruktions- und Konstruktionsleistung bei der Filmproduktion und -rezeption wie bei der Subjekt- und Objektkonstitution nochmals verdoppelt und unmittelbar – körperlich – spürbar gemacht.

Video #4 von Assunta Ruocco ist m.E. eine der großen Perlen des Festivals. Irgendwo zwischen Dokumentar- und Spielfilm angesiedelt, spielt er geschickt mit den Unsicherheiten über das Gesehene. Ruocco dokumentiert das Zusammenleben mit ihrer Schwester Valentina, ihrem Bruder Mino und dessen Freundin Ornella in einem großen, idyllischen Gartenhaus, umrahmt von einer ausgedehnten Gartenanlage, in der Katzen und Hunde frei herumtollen. Sie lässt die Kamera neugierig und behutsam über die Protagonist/innen gleiten, fängt dabei äußerst intime Momente ein, Gespräche zwischen dem Paar oder zwischen Valentina und Ornella über Liebe, Sorgen und Beziehungen, oder zeigt Valentina, wie sie ihrem Bruder geduldig bei seinen Hausaufgaben hilft. Immer wieder schafft Ruocco Bilder von äußerster Schönheit, mit viel Kerzenlicht inszeniert, das eine immense Wärme und Intimität herstellt. Geschickt mit Spiegeln und Blickverengungen arbeitend, die nur einzelne Körperteile und Fragmente des Geschehens zum Vorschein bringen lassen. Doch was sich hier als Idylle präsentiert, ist dies nur scheinbar. Die Lethargie Minos, sein lebloser und apathischer Gesichtsausdruck, begleitet den ganzen Film, verbreitet eine Leere, an der die Sehnsüchte seiner von Verlustängsten geplagten Freundin, die ohne ihn nicht glücklich sein kann, nur abprallen können. Ihre Bitte um eine Geste der Zuneigung beantwortet er mit Scherzen, sehnt sie sich nach Zärtlichkeit, schottet er sich unter dem Laken ab. Will sie ihm dagegen einmal Raum und Zeit lassen, weil sie spürt, dass sie ihm nicht helfen kann, wird er wiederum nervös, lässt sich für einmal aus seiner Apathie reißen. Ästhetisch wird die Spannung nachvollzogen. Der das Bild fragmentierende, geteilte Schrankspiegel reflektiert die Risse zwischen den und in den Menschen, die Kerzenbeleuchtung lässt sie und die Szenerie als erhaben und unwirklich zugleich erscheinen, die Dunkelheit verschluckt die Protagonist/innen. Trotz der immer wieder aufscheinenden Wärme durchzieht eine tiefe Melancholie den Film, die moderne Entfremdungszustände und Zukunftsängste aufscheinen lässt.

Auch in **Video #4** finden wir Strategien der Selbstreflexionen, er lässt sich auch als Film über das Filmemachen lesen. Ruocco selbst und damit die Kamera gleicht sich der Ambivalenz des Gezeigten zwischen Intimität und Terror an, sie ist Teil dieser Spannung. Der liebevolle, vorsichtige, zurückhaltende Blick kippt immer wieder um zu einem Intimitätsterror, zu einem Beichtgebot, dem sich die Protagonist/innen zu stellen haben. Fragt Ruocco noch behutsam ihren in die Leere starrenden Bruder nach seinem Befinden, weshalb er den Kopf so hängen lasse, ob und weshalb er traurig sei, so wird sie immer drängender, weil die Antworten ausbleiben. Der Raum, der Mino und den anderen Hausbewohner/innen sonst gegeben wird, verengt sich drastisch, die Kamera verfolgt ihn, er soll gefälligst in die Linse blicken und antworten. Ruocco verheimlicht ihre Aufdringlichkeit nicht, sie zeigt, wie sich die Gefilmten zuweilen gegen den Mangel an Privatheit zu erwehren versuchen. Eine filmische Entblößungs- und Verdeckungsstrategie zugleich. Sie zeigt den Eingriff der Kamera in die Realität, zeigt, wie die Anwesenheit der Kamera auch Realitäten schafft. Zugleich wird aber auch vermeintliche Authentizität geschaffen. Da sich die Protagonist/innen gerne verkleiden – Valentina präsentiert sich immer wieder in Prinzessinnen-Kostümen – und auch schauspielern, ist nie klar, wo die Intimität, aber auch die Konflikte bloß improvisiertes Schauspiel sind. Auch die Kerzenszenerien und zuweilen Schnitte offenbaren immer wieder mal, dass die Filmemacherin tatsächlich auch als anweisende und das Geschehen gestaltende Regisseurin am Werk war. Dagegen suggeriert die sich entblößende Kamera, die die Dargestellten sichtlich bedrängt, Realität und Lebensnähe. Oder ist im Gegenteil die wirkliche Lebensnähe gerade da, wo geschauspielert wird? Der rund einstündige Film entfaltet so einen eigenen Kosmos, in dem Stimmungen immer wieder aufgebaut und gebrochen, Szenerien etabliert und zugleich ästhetisch kommentiert und dekonstruiert werden. Schließlich wird auf diese Weise auch die Aporie des dokumentarischen Filmens an sich, das aus der Spannung zwischen Beobachten und Produzieren von Realität nicht auszubrechen vermag, offenbar.

Sag nicht, es sei dunkel | Sebastian Bodirsky | 2007 | 28 Min. | Beta SP | D/RS | Sprache: dt/serbisch /// **Cambiar** | Joana Coppi | 2007| 15 Min. | miniDV | D/AR | Sprache: dt /// **In Resonanz** | Florian Krautkrämer | 2004 | 9 Min. | 16 mm | D | Sprache: dt /// **Video #4** | Assunta Ruocco | 2007 | 60 Min. | miniDV | IT | Sprache: it/en

Video #4 | Assunta Ruocco | 2007 | 60 Min. | miniDV | IT | Sprache: it/en

Blick zurück

Manuela Büchting

*„Es gibt einen Austausch, ein Dialog findet statt, wenn wir als Publikum Blick-
kontakt haben." (Norman Richter)*[1]

Blicke. Sie sehen uns an, und wir können uns ihnen nicht entziehen. Eine Spannung baut sich auf. *Jeder auf mich gerichtete Blick manifestiert sich in Verbindung mit dem Erscheinen einer sinnlichen Gestalt in unserem Wahrnehmungs-
feld (...). Was am häufigsten einen Blick manifestiert, ist sicher das Sichrichten
zweier Augäpfel auf mich. Aber er ist ebensogut anlässlich eines Raschelns von
Zweigen, eines von Stille gefolgten Geräuschs von Schritten, eines halboffenen
Fensterladens, der leichten Bewegung eines Vorhangs gegeben.*[2] Diese von
Sartre beschriebene Erfahrung wirft uns darauf zurück, dass wir als Menschen nur
existieren können in einer Welt, die uns ansieht und die wir ansehen. Die in diesem
Text beschriebenen Filme setzen sich in verschiedener Weise mit diesem Verhältnis auseinander. Mit dem Titel „Blick zurück" ist aber noch ein anderes Sehen
gemeint: Der Blick zurück in die eigene Geschichte oder die Auseinandersetzung
mit dem kollektiven Gedächtnis als einer Sammlung von An-Sichten, die sich mit
unseren Blicken vermischen. Was uns ansieht, sind zum Beispiel auch Monumente,
sind auch die Mythen und Erzählungen, die sich an Orten ablegen. Innerhalb dieser
ganzen Blickachsen, Kreuzungen und Knäule bilden sich Konstruktionen heraus:
von Heimat, von dem Fremden, von einem selbst. Immer geht es dabei auch um
die Frage der Abbildbarkeit von Wirklichkeit und Erinnerung. Wie sieht unsere
Erinnerung uns an?

In dem Film **Vali Asr**[3] von Norman Richter geraten wir in einen permanenten
Austausch von Blicken: Blicke, die uns anschauen und die wir zurückrichten. Für jeweils 45 Sekunden sehen wir in einer festen Kameraeinstellung in Großaufnahme
in ein Gesicht, doch es erscheint uns wie ein minutenlanger Austausch von Gedanken und Emotionen. Die Blicke dominieren, doch wir registrieren auch die Kleidung,
die Haltung und das Aussehen. Es werden zwölf Gesichter gezeigt. Ihnen nachfolgend wird ein Gegenstand zugeordnet, den die jeweilige Person zum Zeitpunkt der
Aufnahme bei sich getragen hat.

Zu Beginn sehen wir in das Gesicht eines Mullahs, des islamischen Geistlichen,
der den Film einleitet und ihm eine narrative Richtung gibt. Wir befinden uns im
Iran, auf der Vali Asr, einer der bedeutenden Straßen Teherans, auf der sich das
Leben abspielt. *„Der Name Vali Asr bedeutet Gebieter der Zeiten und bezieht*

sich auf Muhammad al-Mahdi. Der schiitischen Glaubenslehre nach ist Imam
Mahdi der zwölfte und letzte direkte Nachfolger des Propheten. Es heißt, er lebe
seit Jahrhunderten, den Blicken der Menschen entzogen, im Verborgenen. Die
Verfassung der islamischen Republik Iran von 1979 bezeichnet den zwölften
Imam als eigentliches Staatsoberhaupt. Die islamischen Rechtsgelehrten,
die Ajatollahs, herrschen nach dieser Auffassung nur in seiner Stellvertretung
bis zu dessen Wiederkehr aus der Verborgenheit." (Norman Richter) Der Stein,
den der Mullah als Gegenstand bei sich trägt, erscheint wie ein Heiligtum, wird
zur Struktur und Philosophie. Wir haben Zeit genug, um uns bei jedem Gegenstand
zu fragen, welche Bedeutung er für dessen Besitzer hat. Auch dem können wir
uns nicht entziehen. So sehen wir eine Frau, die einen Fächer bei sich hat, eine in
Schwarz verschleierte junge Frau mit einer Tasche, einen weißhaarigen Mann mit
Gebetskette oder einen Jungen mit Radiergummi und Anspitzer. Die portraitierten
Frauen und Männer sind unterschiedlichen Alters, manche uniformiert, andere
alltäglich gekleidet; manche wirken ärmer, andere wohlhabend. Sie scheinen aus
verschiedenen Gegenden zu kommen, unterschiedlichen sozialen Schichten und
Weltanschauungen anzugehören. Nur die Straße, die sich durch die ganze Stadt
zieht, vereint sie miteinander. *Ich hatte den einzelnen Personen einfach gesagt,*
dass ich ihr Gesicht filmen möchte und etwas, was sie gerade dabei haben und
zeigen möchten. Dann haben sie mir entweder eine Sache gegeben oder in die
Tasche gefasst und mir drei Gegenstände gegeben, aus denen ich etwas ausge-
sucht habe.

  Der Filmemacher begibt sich auf die Reise in eine ihm unbekannte Welt. Er lässt
sich nicht ablenken von Trubel und Unruhe der Hauptstadt Teheran. Er konzentriert sich auf das Wesentliche: auf die Menschen. *Ich war noch nie zuvor in*
einem muslimischen Land. Ich hatte keine Ahnung vom Iran und wollte mir auch
keine Konzepte erarbeiten. Und dann habe ich gedacht, ich sammle Eindrücke,
Gesichtseindrücke. Die gesammelten Portraits werden zum Reisebegleiter und
Tagebuch. Es sind nicht die ersten Eindrücke, die verarbeitet werden, sondern die,
die durch die Auseinandersetzung an die Oberfläche gelangen. Schließlich bringt
uns der Filmemacher die Menschen nahe, so dass der Eindruck entsteht, wir seien
für einen Moment in ihr Leben eingeladen, denn sie scheinen uns anzusprechen.
Gleichzeitig wird durch die Blicke der illusionistische filmische Raum durchkreuzt
und wir werden als Zuschauende entlarvt. Wir können nicht einfach einen distan-

·

zierten touristischen Blick über sie schweifen lassen, denn sie sehen direkt in die Kamera, so dass der Eindruck entsteht, dass wir selbst angesehen werden. Zudem ist der Film stumm. Wir können uns nicht über eine Geräuschkulisse fortdenken, sondern sitzen im Kino und sind uns dessen nur allzu bewusst.

Da wir ausschließlich Gesichter und Gegenstände sehen, gibt es keinen Raum zu betrachten, und dennoch scheinen wir eine Reise gemacht zu haben. Der Fokus wird auf das unmittelbar Menschliche gelenkt, nicht auf die großen Fragen nach Politik, Religion und kultureller Differenz. Auch wenn diese Fragen immer durchscheinen, ohne sich beantworten zu lassen. Der Mullah mit seinem Gebetsstein ruft in uns eine bestimmte Erzählung von morgenländischer Kultur ab. Doch bevor sich unser Blick verengen kann, lenkt uns das nächste Portrait schon wieder in eine andere Richtung und erweitert die Erzählung um einen jungen Mann, der ein rosafarbenes Getränk mit Strohhalm dabei hat. Von welcher Kultur erzählt uns das? Aus welchen Elementen, Personen, Gegenständen besteht sie?

An den Schluss setzt Norman Richter das Porträt eines jungen Mädchens. Stark und hoffnungsvoll wirkt sie und ihr Blick. Es folgt kein Gegenstand. Und so bleiben wir am Ende mit ihrem (Aus-)Blick und unseren eigenen Gedanken zurück. *Ich habe dieses Mädchen an den Schluss gesetzt, weil mich die Frauen, die ich dort getroffen habe, sehr beeindruckt haben. Ich habe auch eine der wenigen Frauendemonstrationen gegen die Repressionen, die dort stattfinden, gesehen. Es hat mich beeindruckt, wie die Frauen sich dort verhalten haben. Ihr Mut und ihre Kraft. So habe ich entschieden, eine junge Frau an den Schluss zu setzen.*

Der Frage danach, was Heimat sein kann (ob es die Menschen sind oder Religion, Kultur, Landschaft), nähert sich auch der Filmemacher Volker Schütz mit seinem Film **Heimat**[*4] an.

Meine Diskothek ist nicht meine Heimat, das, was das Fernsehen sagt, ist nicht meine Heimat, und das Land, in dem ich geboren bin, ist erst recht nicht meine Heimat. (...) Die Menschen, die ich liebe, die sind vielleicht meine Heimat. Länder, Städte, Völker und Religionen sind keine Heimat. Es gibt keine Heimat, das einzige, was bleibt, bin ich. (Zitat aus **Heimat***)*

Mit der Frage nach Heimat und Heimatgefühl begibt sich der Filmemacher auf eine Reise, die nicht wie **Vali Asr** räumlich zu sehen ist, sondern imaginär. Die Protagonistin, die von einer Lochkamera gefilmt wird, schminkt sich. Das Schminken wird zum Symbol für das Einnehmen verschiedener Rollen, hinter dem sich auch die Zweifel an festen Identitäten verbergen. Herkunft ist auch nur eine Maske, die sich oftmals aus oberflächlichen Konventionen zusammensetzt. Doch der Filmemacher möchte hinter die Projektionen und Oberflächen sehen. „*Mit dem Begriff Heimat sollte man vorsichtig sein, wenn sich dahinter Länder, Religionen oder irgendwelche Ideologien verbergen.*" (Volker Schütz)

Jedes einzelne Bild des Films ist fotografiert durch eine selbst gebaute Lochkamera. Durch das analoge Material entsteht der Eindruck, dass es sich um eine Beobachtung handelt, die gerade stattfindet. Fast voyeuristisch beobachten wir die Frau von außen und bekommen über den gesprochenen Text gleichzeitig Einblick in ihre Gedanken. Die Darstellerin blickt in die Kamera wie in einen Spiegel. Es scheint, als seien wir als Zuschauer/innen die Spiegelfläche selbst. Die Urteile fällen die Menschen, mit denen man sich umgibt. Der Spiegel ermöglicht eine Gleichzeitigkeit im Betrachten und Urteilen. Sobald wir jedoch eine Aufnahme von uns sehen, sei es als Video oder als Fotografie, sind wir nicht mehr die Person darauf. Es gibt eine Verschiebung in der Zeit. Man ist nicht mehr derjenige, den man sieht, sondern nur noch die Reflexion davon.

„*Die Lochkamera habe ich benutzt, weil ich eine Unschärfe wollte, eine ganz neue Qualität der Unschärfe, und die Kamera bietet diese. Die Unschärfe bei einer normalen Kamera erstreckt sich über die Fläche. Bei der Lochkamera ergibt sich durch die lange Belichtung dazu noch die Unschärfe in der Zeit. Mit der Zeit ist es eine ganz umfassende Unschärfe und die wollte ich haben, um mich diesem international schwer greifbaren Begriff der Heimat zu nähern.*"

Diese gewisse Unschärfe, die Volker Schütz durch die Lochkamera erreicht, ist auch Teil der Strategie des Films **Cambiar***5 von Joana Coppi. Hier jedoch in anderer Form: Es ist der Wechsel von Objekt und Subjekt, von Positionen und von den Protagonisten, die uns ins Zweifeln bringen.

„*Ich setze meine Kamera und dich auf mein Fahrrad. Du sollst immer weiterfahren*", so lautet die erste Regieanweisung aus dem Off im Film. In der ersten Szene sehen wir den Gehweg von der Straße aus. Die Filmemacherin, die auch Kamerafrau zugleich ist, beobachtet den Gehweg von ihrem Fahrrad aus. Sie erklärt als Stimme aus dem Off ihre örtliche Position: wir befinden uns in Argentinien. Dann treten erste Unklarheiten auf: Irritationen, die uns zweifeln lassen, dass dies ein linearer und narrativer Film ist. Zur Regieanweisung aus dem Off kommt eine weitere Stimme hinzu. So folgt auf die Erklärung, dass die Filmemacherin mit der

Kamera auf dem Fahrrad die Straße entlangfährt, von einer anderen Stimme: *„Ich übernehme jetzt die Regie, den Blick."* An der Stelle taucht im Bild eine junge Frau mit Einkaufstüte auf. Sie geht den Gehweg entlang, den wir schon eine Weile betrachten. Wir beobachten die Protagonistin im Bild mit der Filmemacherin (Kamerafrau): *„Ich dokumentiere diese Straße und eine Frau, die einkaufen geht."* Und später erklärt dieselbe Person: *„ ... aber ich folge dir (der Frau im Bild, Anm.), du passt besser in diesen Film."* Es ist ein voyeuristischer Blick, den die Filmemacherin damit direkt zur Sprache bringt. Die Kamerafrau beobachtet eine Frau auf einem Gehweg. Damit werden wir als Zuschauer/innen selbst zum Voyeur und können uns dem nicht entziehen. Die Filmemacherin Joanna Coppi erklärt: *„In den 70er Jahren wurde in der so genannten feministischen Filmtheorie gesagt: ,die Kamera ist männlich; und das Objekt, was sozusagen davor ist, ist weiblich.' ... Das habe ich versucht, wieder aufzuheben, indem ich die Frage gestellt habe, warum soll eigentlich die Kamera männlich sein?"*

Tatsächlich teilte die Filmsprache die Geschlechter bis in die 70er in ihre spezifischen Rollen: *„So stellen sich Aktivitäten wie der Blick, das Handeln und die raumgreifende Bewegung als ,männlich' dar, werden also an männliche Protagonisten gekoppelt, während Körperlichkeit und Sexualität sowie das Angesehen-Werden und das Warten als die Handlung retardierende oder außer Kraft setzende Momente ,weiblich' codiert sind."* [*6]

Genau das versucht die Filmemacherin Joanna Coppi aufzuheben. Ihre drei Protagonistinnen wechseln ihre Positionen von der Voyeurin zur Angeschauten zur Kommentatorin. *„Ich übernehme gerne die Kamera, ich verwechsle sozusagen eine Handtasche mit einer Kamera. Für mich ist das ein feministisches Projekt."* (Zitat aus: **Cambiar**)

Es folgt eine weitere unerwartete Irritation im Film. Die junge Frau, die unbemerkt beobachtet wird, bleibt vor einer Schaufensterpuppe stehen, betrachtet ihr Kleid. Dann dreht sich die Puppe. Sie ist lebendig. Die Puppe geht auf die Kamera zu, dreht sich und kehrt zurück zur Käuferin. Darauf wechseln die Protagonistinnen ständig: ein Wechsel zwischen Objekt und Subjekt. Drei Frauen, aus deren Leben erzählt wird und die ihr Leben erzählen. Sie sind mal Schauspielerin, mal Sprecherin und mal Kamerafrau. Die Betrachter/innen springen zwischen den Positionen hin und her. Die Perspektiven wechseln. Die Unsicherheit (oder Unschärfe) bleibt während des Films bestehen.

Auch die Kameraposition ist Teil des Wechsels *„und eben der Blick, den die Kamera wirft, auch auf das Geschehen, was gefilmt wird und wie das vielleicht zurückgegeben werden kann."* Die Protagonisten werden eingefangen, bei ihren Gedanken und Handlungen. Die Kamera ist Mittel zur Darstellung und Reflexion. Es wird zur Aufbewahrung der Erinnerung, aber auch Ausdruck der unmittelbaren Präsenz.

Die Bild- und Tonspur verlaufen asynchron zueinander. *„Es (die asynchrone Tonspur, Anm.) passt auch in den Film, weil die ganze Zeit gespielt wird mit diesen Positionen: ‚Wer ist hier eigentlich wer?' und ‚Wer ist hier die Regisseurin?' und ‚Wer ist die Tänzerin?' und ‚Wer ist die Argentinierin oder nicht?' und ‚Wer ist die Touristin?'. Es gibt sozusagen die ganze Zeit solche Rollenwechsel und von daher fand ich eben diese asynchrone Tonspur sehr passend."*

Die Reise erhält im Film eine andere Art von Selbstfindung: das Reflektieren der eigenen Positionen, die Auseinandersetzung mit Situationen des Lebens im Heimatland und im Gastland. Was äußerlich eine Reise nach Argentinien ist, reflektiert ebenso das eigene Leben. Äußeres und Inneres stellen einen Wechsel dar, den der Titel des Filmes gut beschreibt: **Cambiar**.

In ihrem 16-mm-Film **Jipijajey! Ich grüße mein Volk!**[*7] zeigt uns die Filmemacherin und Performancekünstlerin Iris Selke eine andere Art von feministischer Aneignungsstrategie. Mit einer Art filmischen Trick setzt sie sich scheinbar an die Stelle Peters des Großen auf ein Reiterdenkmal in St. Petersburg. Das Denkmal im Hintergrund, bewegt sich die Künstlerin, als reite sie auf dem Pferd, das unter ihrem Oberkörper noch zu sehen ist. Dabei reißt sie ihre Arme hoch zum Gruß. Dabei scheint es auch, als sitze der perspektivisch verkleinerte Reiter Peters der Große auf dem Schoß der Künstlerin. Durch den performativen Akt, vor allem aber durch die verschobenen Größenverhältnisse im Spiel mit der Perspektive, rücken die Dinge in eine neue Ordnung.

„Wenn man weiß, dass der Reiter Peter der Große ist, wird deutlich, dass ich auf die Erinnerung und die Geschichte abziele. Ich habe mich mit St. Petersburg und der Geschichte auseinandergesetzt. Nach Peter dem Großen kam plötzlich Katharina die Große, die ja eigentlich, nach unserem heutigen Wissen, viel mehr die Zügel in der Hand hatte."

Iris Selke spielt also Katharina die Große und verweist in ihrer Performance auf Auslassungen in der Geschichtsschreibung und übt Kritik an Denkmälern als übermenschliche Erzählungen, zu denen man sich kaum in Beziehung setzen kann. „*Ich gehe humoristisch an die Sache ran, in dem ich mich einfach auf ein Denkmal setze, das wir Menschen uns irgendwo hinbauen, um irgendwas Unsterbliches zu haben, um die Geschichte zu wahren.*"

Damit holt sie nicht nur den Reiter von seinem Sockel, sondern kommentiert auch die Geschichtsschreibung. Ihr Blick richtet sich auf einen fernen Punkt außerhalb des filmischen Raums. Wer in Zukunft die Zügel in die Hand nimmt und Geschichte schreibt, scheint sie zu sagen, das sind wir selbst und nicht die Monumente.

Bin Chuen Choi ist in seinem Film **Lost Property Hongkong**[*8] nicht an staatlicher Erinnerungskultur und an Denkmälern interessiert, sondern sucht die Orte seiner Vergangenheit auf und erstellt eine ganz persönliche Topografie der Erinnerung. Die Kamera erscheint dabei wie ein Forschungsinstrument, mit dem er kriminalistisch genau die Spuren seiner Kindheit verfolgt und seine Erinnerungen an den aufgenommenen Bildern überprüft. Ein Blindfisch wird während dieser Reise zum Symbol der Unschärfe und der Unfähigkeit, sich genau erinnern zu können. (Blindfische leben im Dunkeln. Sie haben sich ihrer Umgebung so weit angepasst, dass sie kaum oder gar keine Sehfähigkeit mehr haben.) Ein blinder Wahrsager auf den Straßen Hongkongs prophezeit ihm zu Beginn des Films, dass die Suche nach dem Fisch sinnlos ist: „*Stop thinking of the fish. You can no longer buy it. It belongs to the past. Thinking about it will only lead to frustration. It won't help at all. Don't be so stubbum. Understand?*" Die Suche nach diesem Fisch zieht sich durch den ganzen Film und es bleibt bis zum Ende unklar, ob sie erfolgreich sein kann. Vielmehr scheint die Suche nach dem Fisch im Grunde die Suche nach sich selbst zu sein. „*Erst als ich den Fisch tatsächlich nicht finden konnte, wurde die Suche danach immer wichtiger. Darin sehe ich auch eine weitere Parallele zu meinem Leben, weil ich derjenige bin, der an den Erinnerungen festhalten will.*"

Auch die eigene Blindheit des Filmemachers, der ohne seine Brille nicht viel sehen kann, steht metaphorisch für das Verlieren der Erinnerung. Bin Chuen Choi kehrt zurück in das Land seiner Herkunft. Alles scheint so wie immer und doch ist alles anders. Er trifft Verwandte, Nachbarn und Freunde, die für ihn in Gruppenbildern posieren. Im Film montiert er die fehlenden Freunde in das Gruppenbild ein und vervollständigt so den Freundeskreis seiner Erinnerung, doch der Realität kommt er damit nicht näher.

Er benutzt zwar die Kamera als objektives drittes Auge, doch thematisiert er auch, dass man den Dingen mit Hilfe der Technik manchmal nur scheinbar näherkommt. *„Ich habe mich aus dem 60. Stock filmen lassen. Beim Schnitt habe ich für diese Aufnahme einen Digitalzoom verwendet. Der Digitalzoom ist eigentlich eine Täuschung. Man tut damit nur so, als ob man etwas näher betrachten könnte. Dabei führt eine Vergrößerung des Ausschnitts stets zur Verschlechterung der Auflösung. Je näher man heranzoomt, desto verschwommener wird das Bild."*

Jeder Blick ist eine soziale Handlung zwischen Subjekten.[*9] Alle Filme fordern uns auf, das Bewusstsein zu ändern, einen Blick zu wagen. Sie bieten den Ausflug in eine Welt von verschiedenen Blicken und mit verschiedenen Blickrichtungen: in Gesichter der Vergangenheit und der Suche nach dem Selbst. *„In der Vorstellung werden die Bilder geboren, die wir uns von der Welt und von anderen Menschen machen – es sind Bilder, mit denen wir uns erinnern und die wir auf all das projizieren, was in unseren Blick kommt."*[*10] Mögen wir auch noch so gern den Blicken entweichen, jeden Tag strömen uns diese erwartenden, hinterfragenden, nach der Vergangenheit forschenden Blicke entgegen. *„Blicke finden nie in einem konfliktfreien Bereich statt, sondern geschehen im Machtspiel zwischen Subjekten. Wir lieben, hassen und verführen mit Blicken. Oder wir verweigern den Blick und richten ihn nach innen, um bei Bildern Zuflucht zu suchen, die sich jeder äußeren Wahrnehmung entziehen."* [*11]

[*1] Alle im Folgenden nicht anders gekennzeichnete Zitate sind aus Diskussionen mit den Filmemacher/innen während des 1. AnaDoma Festivals in Braunschweig im Januar 2008. /// [*2] Jean Paul Sartre, Das Sein und das Nichts, Hamburg 1993, S. 465. /// [*3] **VALI ASR** – Norman Richter | 2007 | 14 Min. | 16 mm | D/IR | stumm. / Die Vali Asr ist die längste und älteste Straße Teherans. Sie zieht sich vom Norden bis in den Süden durch die ganze Stadt hindurch. Diese Straße war im Juli 2006 Drehort für diesen Film. /// [*4] **Heimat** – Volker Schütz | 2007 | 3 Min. | miniDV | D | Sprache: multilingual. /// [*5] **Cambiar** – Joana Coppi | 2007| 15 Min. | miniDV | D/AR | Sprache: dt. Das spanische Wort cambiar (dt. ändern, tauschen, wechseln) fasst die im Video aufgeworfenen Fragen nach feministischer Aneignung, dem Verlagern der Blickrichtung und einem Positionswechsel der Protagonistinnen vor dem Hintergrund ungleicher ökonomischer und sozialer Verhältnisse zusammen. Cambiar wird sowohl der im Tango Queer charakteristische Tausch der Positionen zwischen Führender und Folgender genannt als auch der Umtausch von Geld von einer Währung in eine andere. /// [*6] Aus: Heike Klippel: Feministische Filmtheorie. In: Jürgen Felix (Hg.): Moderne Film Theorie. Paradigmen, Positionen, Perspektiven. Mainz 2002, S. 168–190. /// [*7] **Jipijajey! Ich grüße mein Volk!** – Iris Selke | 2004 | 3 Min. | 16 mm auf miniDV | D | ohne Sprache. Eine ungewöhnliche Annäherung an die Geschichte mit Hilfe des 16-mm-Films. Gefilmt in St. Petersburg am Reiterdenkmal Der Eherne Reiter, einem Werk des französischen Bildhauers E.-M. Falconet (1766–1782) zu Ehren von Zar Peter dem Ersten, dem Gründer der Stadt. /// [*8] **Lost Property Hongkong** – Bin Chuen Choi | 2006 | 20 Min. | DVCAM | D | Sprache: dt/kantonesisch mit dt UT. Der in Deutschland lebende Filmemacher kehrt in seine Heimatstadt Hongkong zurück. Er besucht vertraute Orte, seine Familie und alte Freunde. Dabei werden Prozesse von Vergänglichkeit sichtbar und sein Wunsch, in der Erinnerung zu verharren. /// [*9] Vgl. Hans Belting: Wie wir mit den Augen kommunizieren – Kulturgeschichtliche Annäherungen. Das Schauspiel des Blicks. / Aus: Das echte Bild. Bildfragen als Glaubensfragen, München 2005. /// [*10] Aus: ebenda. /// [*11] Aus: ebenda.

Jipijajey! Ich grüße mein Volk! | Iris Selke | 2004 | 3 Min. | 16 mm auf miniDV | D | ohne Sprache

Cambiar | Joana Coppi | 2007 | 15 Min. | miniDV | D/AR | Sprache: dt

Heimat | Volker Schütz | 2007 | 3 Min. | miniDV | D | Sprache: dt

Lost Property Hong Kong | Ben Chuen Choi | 2006 | 20 Min. | DVCAM | D | Sprache: dt/kantonesisch mit dtUT

THE ART OF PROGRAMMING

FILM, PROGRAMM UND KONTEXT

Heike Klippel | CoAutorin: Alex Gerbaulet

„The Art of Programming" ist der Titel eines Interviews mit einem der bekanntes-
ten deutschen Experimentalfilm-Kuratoren, Alf Bold.[1] Dieses Zitat in der Über-
schrift setzt die Perspektive darauf, wie im Folgenden die Programm-Thematik
verhandelt wird: es geht schwerpunktmäßig um Film- bzw. Kino-Programme als ästhetische Praxis. Damit ist ein spezifischer Ausschnitt aus der Programm-Thematik
gesetzt, denn Programme gibt es in einer Vielzahl gesellschaftlicher Kontexte, vom
Parteiprogramm bis zum Fernsehprogramm, bei denen Ästhetik nicht unbedingt
eine Rolle spielt.

Anders bei Kultur-/Medien-/Unterhaltungsprogrammen, die mehr sind als eine
funktionsorientierte sequentielle Zusammenstellung von Einzelelementen: ihre
Bedeutung liegt in der Gegenwärtigkeit ihrer Dauer, und sie sind als organisiertes
Geschehen in kommunikative Zusammenhänge eingebunden. Theater-, Film- und
Rundfunkprogramme sprechen direkt ein Publikum an und dienen nicht allein
einem Ergebnis in der Zukunft, sondern sind in sich selbst bereits Ereignisse. Ein
solches Ereignis war auch das Anadoma Festival, das in diesem Jahr zum ersten
Mal in Braunschweig stattgefunden hat und das eine Auswahl aktueller Film- und
Videokunst präsentiert hat.

Zentral für solche Programme sind folgende Charakteristika: sie wollen bestimmte Ziele bei den Rezipient/innen erreichen, sie streben eine die heterogenen
Elemente übergreifende Identität an und sie haben einen zeitlichen Ablauf. Auch
Museums- oder Ausstellungsobjekte sind rezipienten- und sinnorientiert ange-
ordnet, aber sie sind räumlich bestimmt; selbst wenn ein eindeutiger Parcours
vorgegeben ist, kann man zurückgehen und einzelne Objekte erneut anschauen
– in Film-, Fernseh- oder Radioprogrammen ist dies nicht möglich. Wiederholungen können zwar in das Programm aufgenommen werden, aber von den
Rezipient/innen selbst initiierte Wiederholungen gehören nicht dazu. Sie können
Sendungen aufzeichnen oder sich DVDs und CDs kaufen und sich einzelne Teile
noch einmal anschauen/anhören, aber dies liegt außerhalb des Programms.

Da Programm im Kultur- und Medienbereich eine Bezeichnung für unterschiedliche Praxen und kein Begriff im strengen Sinne ist, können hier nur einige zentrale
Aspekte herausgestellt werden. Dazu gehört die Funktion im Hinblick auf ein Publikum, und fragt man sich nach den bestimmten Zielen, die bei den Rezipient/innen
erreicht werden sollen, das grundsätzlichste ist zunächst einmal das, dass sie
das Programm akzeptieren und dabei bleiben sollen. Sie sollen nicht abschalten,
nicht nach Hause gehen, sondern weiter zuhören, zuschauen, tanzen … und sobald wie möglich wieder kommen, wieder einschalten. Die aktuelle Attraktion des
Publikums ist eine Anforderung, die je nach Dauer des Programms unterschiedlich
umgesetzt wird.

Ein Fernsehsender, der im Prinzip jederzeit abgeschaltet werden, aber auch sehr lange eingeschaltet bleiben kann, muss mit dieser Problematik anders umgehen als eine zeitlich begrenzte Präsentation, die sich einigermaßen darauf verlassen kann, dass die Zuschauer/innen bis zum Ende sitzen bleiben. Ebenso muss eine Diskothek ein Programm machen, das die Besucher/innen über längere Zeit am Ort hält, nicht nur um des Konsums willen, sondern weil das Anknüpfen von Bekanntschaften mit zu den Angeboten gehört und entsprechend Zeit benötigt. Über ihre direkte Präsenz hinaus aber haben die meisten Programme einen längerfristigen Zukunftsaspekt: Sei es die Kanalbindung im Radio, sei es das Interesse an der Arbeit eines/r bestimmten Kurators/Kuratorin – Programme möchten nicht nur vorschreiben, sondern sich fortschreiben und arbeiten darauf hin, dass ihr Publikum wiederkehrt. Auf welche Weise ein längerfristiges Publikumsinteresse erzielt wird, lässt sich nur mehr oder weniger vage umschreiben. Programme gelten allgemein als erfolgreich, wenn sie ihr Publikum nicht langweilen, aber daraus ergibt sich nicht unbedingt, worin ihr Unterhaltungsmoment besteht oder ob sie überhaupt unterhalten müssen. Ein Aspekt der Publikumsansprache ist die emotionale Dramaturgie oder Affektmodulation eines Programms[*2], die historisch, situativ und je nach Medium oder Aufführungsform unterschiedlich gehandhabt wird. Abwechslung und Überraschung können gewünscht, aber auch abgelehnt werden, die Frustration von Erwartungshaltungen kann eine negative Resonanz finden, genauso aber kann die Erfüllung von Erwartungen langweilen. Ohne solche Bedürfnisse nach positiver affektiver Stimulierung abzuwerten, muss festgehalten werden, dass gerade Programmgestaltungen die kreative Vorstellungskraft und Phantasie der Zuschauer/innen in besonderem Maße aktivieren können und dass das Publikum oft mehr verlangt als moderate Emotionsbäder. Über dieses Mehr kann nur spekuliert werden, es bezieht sich auf ein Unbekanntes, eine neue Erfahrung vielleicht, neue Ideen, ein nicht alltägliches Erleben; es ist aus der Publikumsperspektive nur schwer beschreibbar und aus der Veranstalterperspektive sehr schwer kalkulierbar. Ob und in welchem Maße dieses Mehr zur Erzielung längerfristiger Wirkungen benötigt wird, ist eine Aufgabe, der sich die Programmproduzent/innen stellen müssen und die je nach Medium und Anspruch unterschiedlich gelöst wird. Für Filmfestivals z.B., deren Filme nach vorgegebenen Prinzipien ausgewählt und erst danach zu Programmen zusammengestellt werden, kann eine zufriedenstellende Affektmodulation weder zu den Zielsetzungen gehören noch wird sie erwartet. Das AnaDoma-Festival beispielsweise hat sich allein aus den eingereichten Beiträgen gespeist und war in der Programmgestaltung darauf beschränkt, diesen aktuellen Status an Film- und Videoproduktionen zu präsentieren. Dennoch wäre es falsch anzunehmen, dass der Anspruch an das Filmfestival vorwiegend in Informations- und Erkenntnisinteressen bestand; Anregung und Abwechslung von Emotionen und Phantasie gehörten ebenso dazu wie sinnliche Intensität, Konfrontation oder transparente Strukturen, die den Ereigniswert und die Attraktion des Festivals gesteigert haben. Das zeigt sich unter anderem in der Programmierung: die sechs Kurzfilmprogramme waren nicht einfach nummeriert, sondern die Beiträge wurden von den Kurator/innen thematisch zusammengefasst und mit eigenen zum Teil sehr pointierten Titeln sowie erläuternden Programmtexten versehen, um so bestimmte Diskussionen anzuregen und die eigene – letztlich immer subjektive – Auswahl transparent zu machen.

Damit ist ein zweiter zentraler Aspekt von Programmen in Kultur und Medien deutlich geworden, nämlich die Spannung zwischen Identität und Heterogenität. Reihen sie zu viele ähnliche Elemente, fällt die Spannung ab, versammeln sie zu stark unterschiedliches Material, ist keine Kohärenz mehr erkennbar, und es handelt sich mithin nicht mehr um ein Programm – so könnte man es oberflächlich zusammenfassen. Ein genauerer Blick zeigt allerdings, dass Kohärenz auf verschiedenen Wegen erzeugt werden kann und nicht von Ähnlichkeiten abhängt. Idealerweise entsteht aus abwechslungsreichen, heterogenen Elementen eine übergeordnete Identität, wobei diese vom Autor bzw. der veranstaltenden Instanz ebenso wie vom Publikum ausgehen kann. Als Beispiele für zwei sehr weit voneinander entfernte Punkte der Skala können Fernsehsender und Experimentalfilmprogramme herangezogen werden.

Bei Fernsehsendern zeigt das Phänomen der Kanaltreue, dass die Programme Erwartungshaltungen aufbauen, die zum bevorzugten Einschalten bestimmter Sender führen. *„Da offenbar nach wie vor das Programm und sein Image ein ausschlaggebender Faktor für diese Programmauswahl ist, sind alle Veranstalter bestrebt, eben diese Programmmarke zu pflegen.“* [3] Der Sender versucht sich als Instanz zu etablieren, die die Zuschauer/innen mit der Erfüllung bestimmter Bedürfnisse identifizieren und auf die sie sich verlassen. In einem solchen durch Wiederholungen und Ähnlichkeiten gekennzeichneten Kontext können neue Angebote, Änderungen und Modifikationen mit Akzeptanz rechnen, da das Publikum davon ausgeht, dass sie weiterhin die bereits zuvor bedienten Bedürfnisse erfüllen.

Eine ganz andere Programmform bilden Experimentalfilmprogramme wie auch im Falle von AnaDoma. Hier stehen die Kurator/innen oder ein Kino nicht für Berechenbares, sondern für Unvorhersehbares ein, so dass die identitätsstiftende Wirkung beim Publikum liegt. Die Erwartung an die Programmgestalter/innen ist, dass sie Verbindungslinien und Assoziationen ermöglichen, aber diese werden dann von den Zuschauer/innen geleistet. Ähnliches gilt für Filmfestivals: sie geben feste Rahmen vor, die die Erwartungshaltungen der Zuschauer/innen lenken, und versuchen mit ihrer Programmzusammenstellung, die Eigenaktivität des Publikums zu unterstützen. Ihr

Profil besteht in Auswahl- und Kombinationsprinzipien, filmpolitischen Zielsetzungen, bestimmten Programm-Sparten und Schwerpunktsetzungen. AnaDoma
versteht sich als Forum für unabhängige, experimentelle Film- und Videokunst. Das
Profil besteht darüber hinaus aber vor allem darin, dass das Festival ein Treffpunkt
der Macher/innen sein will. Bei der Abfolge verschiedener Programmelemente, bei
denen der Film neben Performances, Partys, gemeinsamen Mahlzeiten und einer
begleitenden Ausstellung zwar das wichtigste Element war, kam es insgesamt vor
allem auf die aktive Teilnahme an, zu der in vielfältiger Form aufgerufen wurde.
Aufgrund der episodischen Ereignisstruktur und der Heterogenität des Gezeigten
muss das jeweilige Programm immer wieder neu mit Argumenten und Begründun-
gen im Rahmen justiert werden. AnaDoma hat dafür reichlich Zeit für Diskussionen mit dem Publikum eingeplant. Für die Programme von Kulturfestivals, die mit
anderen Medien oder Kunstformen arbeiten, gelten vergleichbare Kriterien; aber
es erscheint als eine Spezifität von Filmprogrammen, dass das Identitätsmoment
in besonderem Maße auf die Seite des Publikums rückt. Filmprogramme profitie-
ren vom Prinzip der Montage, die sich in einer assoziationsstiftenden Rezeption
realisiert und filmisches Material, sei es noch so disparat, in strukturellen Zusam-
menhängen erfasst. Die Bildung von Synthesen zwischen Filmen unterschiedli-
cher Herkunft, Geschichte und Länge, zwischen verschiedenen Genres und Stilen
fordert Gedächtnis und Phantasie der Zuschauer/innen heraus. Entstehen eigene
„Filme im Kopf der Zuschauer",[4] so besteht darin ein wichtiges Moment der
Selbstbestätigung des Publikums und damit auch für den Erfolg des Programms.
Im Fall von AnaDoma zielte zusätzlich die Beteiligung des Publikums (das in open
screenings selbst Filme einbringen konnte) auf eine weitgehende Transformation
des eindimensionalen Verhältnisses zwischen Produzent/innen und Rezipient/in-
nen. Walter Benjamin hat bereits 1935 in seinem berühmten Aufsatz Der Autor als
Produzent anhand von Beispielen der Kunst der ausgehenden 20er Jahre darauf
hingewiesen, dass deren eindimensionale, hierarchische Kommunikationsstruktur
darauf hinauslaufen würde, konsumistische, distanzierte Betrachter/innen zu produzieren[5] und „eine Schule asozialen Verhaltens"[6] darstelle. Wenn die Orga-
nisator/innen von AnaDoma im erweiterten Titel das Festival als Rendezvous der
Macher/innen bezeichnen, heben sie dagegen auf eine spezielle Komplizenschaft
mit dem Publikum ab. Ähnlich wie in Liebesbeziehungen gibt es auch im Kinosaal mehr als eine Perspektive und es muss gemeinsam immer wieder über die
Verhältnisse und das Erlebte diskutiert und verhandelt werden.

Aus all dem ergibt sich ein drittes wesentliches Moment von Programmen: die
Rezeptionslenkung durch den Kontext. Es ist ein Gemeinplatz, dass jede Bedeu-
tungskonstitution kontext-abhängig ist, aber Programme machen sich dies in

besonderer Weise zunutze. Sie steuern die Wahrnehmung und damit auch die Auswahl von Bedeutungszuschreibungen, wodurch die Wirkungen der Einzel-Werke verbessert oder geschmälert, in ihrem Charakter stark modifiziert oder sogar zerstört oder auch nivelliert und entdifferenziert werden können. Zum Programm gehört dabei mehr als nur die Reihenfolge der einzelnen Elemente, sondern die gesamte Anordnung, vom Profil der Veranstalter über die zeitliche und örtliche Platzierung bis zur Reaktion der übrigen Zuschauer.

Spielfilme scheinen von Programmbindungen relativ frei zu sein, und Kurzfilme müssen sich nur aus praktischen Gründen Programmierungen unterordnen. Gleichzeitig wissen wir, dass Spielfilme sorgfältig im internationalen Produktionsprogramm platziert werden und dass Zeitpunkt und sequenzielle Verortung der Erst- oder Wieder-Aufführungen die Aufnahme eines Films entscheidend beeinflussen können. Die Programm-Abhängigkeit von Kurzfilmen ist oft noch viel fragiler; jeder kennt das Erlebnis, dass z.B. ein Experimentalfilm, der einen starken Eindruck machte, diesen in anders gestalteten Programm-Anordnungen nicht mehr erzeugen konnte, oder dass ein Film, dessen Signifikanz man gering eingeschätzt hätte, ein Lehrfilm z.B., in einem inspirierten Programm eine unerwartete Brisanz entfalten konnte. Damit soll nicht bestritten werden, dass Filme zu Recht einen von äußeren Gegebenheiten unabhängigen Status beanspruchen – diesen zu realisieren, ist aber eine Anforderung an das Programm. Ein ungeneigtes Publikum, durch das zuvor Gezeigte in einer Weise gestimmt, die zum aktuellen Film nicht passt, kann die Aufnahme eines Films selbst bei positiv eingestellten, interessierten Zuschauer/innen in der Gruppe blockieren, und die Qualitäten dieses Films können verloren gehen.

Zusammenfassend lässt sich sagen, dass das Grundproblem von Programmen als mediale oder kulturelle Präsentationsform im Spannungsverhältnis der Einzelbestandteile zur Gesamtkomposition liegt. Die Gesamtkomposition darf allerdings nicht als geschlossene Einheit gesehen werden, denn genau dies bildet nicht die Zielsetzung von Programmen. Weder sollen sie in zusammenhanglose Einzelteile zerfallen noch sollen diese in Vereinheitlichung aufgehen. Davon, wie diese Problematik während des zeitlichen Ablaufs des Programms moderiert wird, sind alle anderen Aspekte des Programms abhängig: die Akzeptanz und Zufriedenheit des Publikums, die Realisierung des Potenzials der einzelnen Beiträge und damit auch die Professionalität der Veranstalter/innen.

Programmgestaltung ist unter anderem deshalb eine Kunst, weil sie beide Schwerpunktsetzungen gleich beachten muss. Bringt sie die einzelnen Beiträge in eine Reihenfolge, die sich an deren Form und Inhalt orientiert, so ist es durchaus möglich, dass das Programm am Publikum vorbeigeht; konzentriert sie sich zu sehr auf kalkulierbare Publikumsinteressen, besteht die Gefahr, dass das Programm verflacht, da anstrengende Beiträge nicht aufgenommen und konfrontative Kombinationen vermieden werden – was wiederum zur Folge haben kann, dass das Publikum sich langweilt. Programmarbeit stellt immer ein Risiko dar, denn sie erfordert den Vor-Vollzug dessen, was nicht berechenbar ist, aber im Rahmen des Möglichen liegt.

Die Einschätzung der Publikumsreaktionen arbeitet mit jeweils unterschiedlichen Voraussetzungen. Im Kino hat sie eine lange Tradition, die von den kontinuierlich gespielten Filmprogrammen mit kürzeren Filmen über die Einzelvorstellungen von Spielfilmen mit nur kleinem Bei-Programm bis hin zur Präsentation von Experimentalfilmen im Museumskontext reicht. Während kommerzielle Filmprogramme in die größeren Bögen von Produktionszyklen eingeordnet sind, orientieren sich nichtkommerzielle Filmprogramme an den Planungsstrukturen z.B. von Kommunalen Kinos, aber auch an Ereignissen, Ausstellungen und Themenstellungen in anderen kulturellen Bereichen. Anders als im Fernsehen, bei dem die zukünftige Programmeinbindung oft bereits bei der Produktion eine Rolle spielt, werden Filme in Abhängigkeit von anderen Kontextvorgaben produziert und erst danach platziert.

Die geschickte Zusammenstellung von Filmprogrammen ist eine Profession, die mit einer Vielzahl unterschiedlichster Restriktionen und zum Teil widerspenstigem Material zu tun hat. Die Möglichkeiten für Kinos, ihre Zuschauer/innen spezifisch zu adressieren, sind im kommerziellen Bereich immer weiter zurückgegangen, und die Programm-Instanz liegt gegenwärtig fast ganz bei der Filmproduktion. Der Gestaltungsspielraum in der kulturellen Filmarbeit ist durch Unterfinanzierung reduziert sowie durch den eingeschränkten Zugang zu historischen Filmkopien, die häufig in schlechtem Zustand sind und nicht mehr verliehen werden können. Die Organisator/innen von AnaDoma verweisen noch auf eine weitere Problematik: sie agieren aus der Perspektive der Autor/innen, die aufgrund der eingeschränkten Mittel der Festivals die selten angemessene Filmmieten zahlen oder die Filmemacher/innen einladen können. Somit reduziert sich auch die Möglichkeit eines Austauschs untereinander und der Konfrontation mit dem Publikum gerade für die noch nicht etablierten Filmemacher/innen. Mit diesen Problemen haben auch Kurator/innen, die nicht fest an eine Institution gebunden sind, zu kämpfen, aber hier sind die Chancen für einen konkreten Publikumsbezug und kreative Synthesen zwischen einzelnen Filmen vielleicht noch am ehesten gegeben. Solche Programme werden meist für einen bestimmten Aufführungskontext entwickelt und können auf diesen abgestimmt werden. Auch wenn es nicht bei einer Präsentation bleibt und die Programme reisen, so werden nicht nur angemessene Aufführungsorte dafür gesucht, sondern sie werden in der Regel von den Kurator/innen vorgestellt, womit die Publikumsansprache noch zusätzlich gelenkt werden kann. Festivals bieten diese Art von kuratierten Programmen an, leisten aber immer auch einen Überblick über aktuelle Produktionen (bei historischen Festivals: Restaurierungen oder Neu-Entdeckungen) in einem bestimmten Bereich und sind deshalb häufig gezwungen, sehr heterogenes Material zu Programmen zusammenzufassen. Programmgestaltung im Kino kann strikt kommerzielle, aber auch idealistische Interessen verfolgen. Im kommerziellen Bereich ist das Hauptanliegen, das Publikum möglichst oft ins Kino zu bewegen; dies bezog sich in der Frühzeit auf bestimmte Kinos, die einander Konkurrenz machten, und richtet sich in der Multiplex-Gegenwart auf den Kinobesuch allgemein. Daneben gab es immer Initiativen wie das AnaDoma-Festival, die Programme unter Zielsetzungen präsentierten, die politische und ästhetische Interessen verfolgen und aus der Konfrontation mit dem Neuen den Wahrnehmungs- und Erfahrungshorizont des Publikums erweitern wollen.

Wenn das Programmieren von Filmen eine Kunst genannt werden kann, dann ist es sicher keine elitäre, sondern eine, die auf Genuss abzielt. Die Filmkuratorin Karola Gramann vergleicht ein gelungenes Filmprogramm mit einer Speise oder einer Currymischung, bei der eine kleine Menge eines Gewürzes die Sache charakteristisch färben, sie aber auch verderben kann.[7] Alf Bold erzählt, dass es für seine Programmarbeit absolut kein Umweg gewesen sei, dass er zunächst als Kellner gearbeitet habe – im Gegenteil. Es habe ihm eine Vorstellung von Stil und Eleganz und Kontakt zum Beau Monde verschafft.[8] Und auch die Organisator/innen von AnaDoma standen während des Festivals abwechselnd auf der Bühne, hinter der Bar, bei der Essensausgabe oder am Mischpult. Laura Marks wählt die Metapher der Dinner Party:

> *"Prepare your series of courses with subtle attention to sequencing (including appetizers, hearty dishes, palate cleansers, bitter greens, and dessert); this is the curating. Invite your guests with some care to provide conversation partners for the works; this is the audience. Then let the party happen, don't try to control it, and trust that something interesting and satisfying will happen in the course of the evening. The dinner party model is performative in that it depends on the unfolding of unforeseen events."* [9]

[1] Noll Brinkmann, Christine: The Art of Programming. An Interview With Alf Bold, July 1989. In: Millennium Film Journal, Nr. 23/24, 1990, S. 086–100. /// [2] Vgl. Jost, François: Die Programmierung des Zuschauers. In: Kintop, Nr. 11, 2002, S. 035–047. Eder, Jens: Vom Wechselbad der Gefühle zum Strom der Stimmungen. Affektive Aspekte audiovisueller Programme. In: Fischer, Ludwig (Hg.): Programm und Programmatik. Konstanz 2005, S. 371–385. /// [3] Hasebrink, Uwe: Die Beziehung zwischen Programm und Publikum als Emanzipationsprozess. In: Fischer, Ludwig (Hg.): Programm und Programmatik. S. 390. /// [4] Kluge, Alexander: Die Utopie Film. In: Film Nr. 2, 1965, S. 011–013. /// [5] Vgl. Benjamin, Walter: Der Autor als Produzent. In: Gesammelte Schriften II 2, Frankfurt/M. 1991. /// [6] Benjamin, Walter: Das Kunstwerk im Zeitalter seiner technischen Reproduzierbarkeit, Frankfurt/M. 1993, S. 038. /// [7] Gramann, Karola; Schlüpmann, Heide: Die Kunst des Filmezeigens – Kurzfilm und frühes Kino in der universitären Lehre. In: KINtop, Nr. 11, 2002, S. 159–164; hier: S. 162. /// [8] Noll Brinkmann, Christine: The Art of Programming. An Interview With Alf Bold, July 1989. a.a.O., S. 86/87. /// [9] Marks, Laura U.: The Ethical Presenter, or How to Have Good Arguments over Dinner. In: The Moving Image, Vol. 4, Nr. 1, 2004, S. 034–047; hier: S. 038/039.

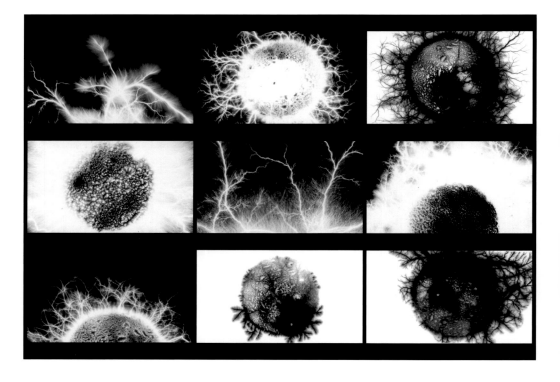

Zerteilen und Generieren

Die Dialektik des bewegten Bildes

Andreas Weich

Die Kinematografie ist ein Produkt der Moderne. Sie markiert (gleichzeitig) den Höhepunkt des Zeitalters der Mechanisierung. Der Mensch der Mechanisierung ist der Mensch der Analyse, des Zerteilens und der technischen Reproduktion. Der Buchdruck läutete diese Epoche ein, indem er die Handschrift in ihre Bestandteile zerlegte und reproduzierbar machte. Mechanische Uhrwerke zerteilten die Zeit und generierten sie dadurch neu. Die Fotografie analysierte die Funktion des Auges und machte den Blick des Fotografen reproduzierbar. Der Phonograph reproduzierte die Stimme und hielt sie mechanisch fest. Die Industrie zerteilte den Arbeitsprozess, die Manufaktur, reproduzierte ihre Waren und schaffte die Arbeiter/innen als neue soziale Kategorie.

Diese Welt bringt nun (auf ihrem Höhepunkt) den Film hervor, das bewegte, das lebendige Bild. Laut Walter Benjamin (Das Kunstwerk im Zeitalter seiner technischen Reproduzierbarkeit) ist er ihr machtvollster Agent. Im Film scheint alles zu fließen, ein Kontinuum zu bilden, die Welt so abgebildet zu sein, wie wir sie sehen. Doch das epochale Paradigma der Mechanisierung ist auch in dieses Medium eingeschrieben, treibt lediglich seine Paradoxien in einer Geste der Beschleunigung auf die Spitze. Die Illusion von Bewegung entsteht durch die Abfolge von 18 bis 24 Standbildern pro Sekunde. Es sind Fotografien, Vertreter jenes Mediums also, das Roland Barthes in Die helle Kammer und auch Siegfried Kracauer in Das Ornament der Masse ausgerechnet durch seine Verbindung zum Tod und zum Vergangenen charakterisierten. Die reale und kontinuierliche Bewegung wird also in diskrete – und einzeln betrachtet tote – Standbilder zerlegt, die nur durch ihre beschleunigte Wiedergabe und den psychisch bedingten Stroboskopeffekt in unserer Wahrnehmung zu einer lückenlosen, scheinbar lebendigen Bewegung regeneriert werden.

Film zerteilt also, um generieren zu können. Die Montage hebt dieses Paradoxon sogar auf eine weitere Ebene. Der narrative filmische Raum ist ein Kontinuum, doch der Zusammenschnitt verschiedener Einstellungen zerteilt ihn in distinkte Perspektiven, nur um ihn in der Projektion und Rezeption umso intensiver zusammensetzen zu können. Das Kreative, das Prozessuale, das Informierende, kurz das Generierende scheint untrennbar mit der vorangegangenen Zerteilung verknüpft.

Doch nicht nur die Kinematografie, auch das Video ist gezwungen zu zerteilen. Es teilt die kontinuierliche Realität in Einzelbilder auf, die ihrerseits sogar nochmals aus diskreten Zeilen aufgebaut werden. Zwar steht das Einzelbild – im

Gegensatz zum Kino – niemals still, da der Elektronenstrahl es seriell und fort-
während zeichnet, doch bleibt jedes der 50 Halbbilder pro Sekunde eine iden-
tifizierbare Entität. Noch stärker als zuvor beim Film ist hier die Beschleunigung
notwendig, da die Geschwindigkeit des Elektronenstrahls nicht nur den Eindruck
von Bewegung, sondern auch die Wahrnehmung des einzelnen Bildes als solches
ermöglicht. Bei zu geringer Geschwindigkeit bräche das Bild unweigerlich in sich
zusammen und das einzig Wahrnehmbare wäre ein wandernder Punkt auf der
Mattscheibe, der in Helligkeit und Farbe variierte. Die mechanische Zerteilung und
Generierung wird im Video lediglich durch eine elektrische ersetzt.

 Digitale Bewegtbilder treiben die Zerteilung noch weiter, da sie das Bild nicht
nur in Zeilen, sondern auch in Spalten, also in einzelne Bildpunkte, aufrastern.
Zudem sind diese Pixel in Bezug auf Position, Farbe und Helligkeit durch einen
digitalen Code, das heißt eine Abfolge von Nullen und Einsen, festgelegt. Diese
binäre Form der Speicherung lässt per definitionem keine Zwischenzustände und
somit keine Kontinuität zu. Doch auch hier ist die Zerteilung wieder die Bedingung
dafür, dass überhaupt ein Bewegtbild generiert und prozessiert werden kann.

 Über diese technische Dimension hinaus ist jede Produktion und jede Auffüh-
rung von Film oder Video nur als arbeitsteiliger Vorgang denkbar. Die Kamera, das
Filmmaterial, der Projektor, die Lautsprecher, ja sogar der Saal sind industrielle
Waren. Die Herstellung eines Films teilt sich u.a. in Bereiche wie das Schreiben des
Drehbuchs, die Regie, das Set-Design, die Kamera-Arbeit, die Tongestaltung, die
Postproduktion, die Kopierarbeit, den Vertrieb und letztendlich die Vorführung auf.
Der kommerzielle Film versucht dies meist auszublenden, seine Apparate und seine industrielle Herkunft zu verschleiern. Experimenteller Film dagegen thematisiert
oftmals gerade seine Materialität, seine Gemachtheit, seine kulturelle Funktion
und die Dispositive seiner Entstehung und Aufführung. Er zeigt, was Film ist, was er
sein kann und was nicht oder wo seine Grenzen liegen.

 In diesen theoretisch-strukturellen Rahmen sind die folgenden acht Film- und
Video-Arbeiten einzuordnen. Jede nimmt auf ihre ganz eigene Art und Weise
inhaltlich oder formal Bezug auf den skizzierten Diskurs bewegter Bilder.

 Studie über die Zeit[*1], der Film **Studie über die Zeit** beginnt mit einer Text-
Tafel, die das Publikum darum bittet, die Augen zu schließen. Wer dieser, im Kino
eher seltenen Aufforderung nicht Folge leistet, erblickt eine Information, die nur
für den Vorführer bestimmt ist und das sonst überraschende Ende vorwegnimmt.

Ein Piep-Ton dient als akustisches Signal, damit die Rezeption intuitiv wieder aufgenommen wird.

Im Anschluss stellt Florian Krautkrämer uns zwei Ansichten über die Auswirkungen der Moderne auf die raumzeitliche Wahrnehmung vor: Heine schrieb 1843, die Eisenbahn habe den Raum getötet. Manetti schrieb 1909, also 14 Jahre nach Erfindung der Kinematografie, dass auch die Zeit gestorben sei. Doch wie vermittelt man die Zeit im Kino, wenn sie doch nicht zuletzt durch die Erfindung des Films vernichtet worden sein soll? Folgt man Krautkrämers Vorschlag, dann dadurch, dass man den Takt von 24 Bildern pro Sekunde, der die Zeit zerteilt, erfahrbar macht und die diskreten Zeiteinheiten wieder zusammenfügt. Durch Text-Einblendungen informiert er die Rezipient/innen darüber, dass im nächsten Moment eine gewisse Anzahl von farblos-transparenten Einzelbildern, also Blankfilm, gezeigt wird. In der Wahrnehmung verschmelzen diese dann zu einer durchgehenden Weißlichtprojektion, in deren Dauer die Zahl repräsentiert ist.

Im ersten Teil inszeniert Krautkrämer diese Verbindung von Zeit-Erfahrung und ihrer filmischen Repräsentation linear. Er verzichtet auf einen Kommentar auf der Tonspur und erklärt sein Vorgehen stattdessen konsequent mittels weißer Texteinblendungen auf schwarzem Grund: Um über die Zeit im Film zu reflektieren, muss man alchemistisch vorgehen: Man stellt eine Analogie auf und versucht, ihre zeitliche Entsprechung im Film zu finden. So werden die vier Elemente gemäß seiner Strategie filmisch durch vier Bilder Blankfilm dargestellt, die für 0,165 Millisekunden weißes Licht auf die Leinwand scheinen lassen. Auf abenteuerliche Weise leitet Krautkrämer aus seinem Geburtsdatum sechzehnmal die Zahl 7 ab, was er filmisch durch 16 Bilder Blankfilm, also zwei Drittel einer Sekunde weißes Licht, darstellt. Im zweiten Teil verdeutlicht er die subjektive Zeit-Wahrnehmung und die Möglichkeiten, diese im Film zu beeinflussen. Er zeigt erst eine gewisse Anzahl Blankfilm-Bilder, bevor er die gleiche Anzahl mit bewegten Bildern füllt. Die Dauer scheint subjektiv anders zu sein. Ebenso im darauf folgenden Vergleich zur Weißlichtprojektion mit Musikuntermalung. Die letzte Möglichkeit zur Vermittlung subjektiver Zeit überlässt der Filmemacher dem Vorführer. Sein Film besitzt kein Endband, wodurch nach der letzten Texttafel ungefiltertes Projektorlicht auf die Leinwand fällt, bis die subjektive Zeitempfindung des Vorführers die Projektion beendet. [2]

Inside 1014[3], Michael Wirthig zerlegte für **Inside 1014** sein Arbeitsgerät, eine Canon 1014XL-S Super 8-Kamera, in seine Einzelteile. Beim Film handelt es sich nicht um Einzelbilder. Ich habe in der Dunkelkammer eine 8-mm-Kassette aufgebrochen und bei absoluter Dunkelheit die Teile auf 80 cm lange Streifen gelegt. So habe ich die 15 m belichtet und die Belichtung habe ich mit dem Blitz einer Digitalkamera gemacht und das Foto hat für mich als Kontrolle (im Dunkeln auf einem Schmalfilm Teile zu platzieren ist auch nicht so einfach) gedient. Den so entstandenen Super 8-Film unterlegt Wirthig mit einem pulsierenden Soundtrack, der die abstrakt anmutende Bildfolge noch intensiver wirken lässt. Das Werk ist ein originelles Stück medialer Selbstreferenz, das durch die analytische Leidenschaft des Filmemachers motiviert war: Ich zerlege gerne Sachen, seitdem ich denken kann. Ich muss alles aufschrauben und hineinschauen, wie etwas funktioniert. Meistens hat es früher dann auch nicht mehr funktioniert und das ist mir irgendwie geblieben ...

Do not listen![*4], bei Cem Kayas kulturkritischer Arbeit **Do not listen!** bezieht sich das Prinzip von Zerteilen und Generieren auf seinen Umgang mit Foreign Footage. Er zerteilt den Horror-Klassiker The Exorcist, dessen türkisches Remake Seytan und die Rede einer prominenten CDU-Politikerin, um sie in einer Montage zu einem semiotisch sehr vielschichtigen Kommentar zu kulturellen Konflikten zwischen Christen und Moslems zu verweben.

Die Arbeit führt die erstaunlich genauen Übereinstimmungen der beiden Filme vor Augen, die sogar synchrone Handshakes zwischen den christlichen und muslimischen Gottesvertretern und denen, denen sie zu helfen versuchen, im Split-Screen ermöglichen. Am Ende stehen sich die Religionen in einer rhythmisch-ekstatischen Montage zwar diametral gegenüber, versuchen jedoch beide von ihrem Standpunkt aus denselben Dämon auszutreiben. Dieser spricht über einschlägige Themen wie die „deutsche Leitkultur", „Integration nützlicher Ausländer" und gegen den EU-Beitritt der Türkei. Während die reaktionäre Stimme zuerst durch Verzerrungen unkenntlich bleibt, wird sie im Laufe des Films immer klarer, bis am Ende kein Zweifel mehr besteht, dass wir niemand anderem als Angela Merkel „nicht zuhören" sollten.

Der Filmemacher generiert mit Foreign Footage völlig neue Bedeutungsräume, die sich sowohl ästhetisch als auch inhaltlich und konnotativ als sehr dicht und komplex erweisen. [*5]

Search engine[*6], der Film thematisiert die Sehnsucht, begehrt zu werden und sich selbst als begehrenswert identifizieren zu können. Doch dazu braucht man

Do not Listen! | Cem Kaya | 2005 | 25 Min. | miniDV | D | Sprache: en/tr mit dt UT

einen Diskurs, in dem man sich selbst positionieren kann. Filmemacher Wayne Yung ist Kanadier chinesischer Abstammung und homosexuell. Für Männer wie ihn findet dieser Diskurs nicht in den Massenmedien wie dem Kino oder Fernsehen statt, sondern in medialen Nischen wie Kleinanzeigen in der Zeitung oder den heute schon vergessenen Telefon-Anzeigen. „*Meine Arbeit handelt sehr viel von Fragen zur Repräsentation oder von Fehlern der Repräsentation. Ich als chinesischer Kanadier, in Kanada geboren und lebend, war damals irgendwie unsichtbar. Vancouver hat ungefähr ein Viertel chinesisch-stämmige Leute auf den Straßen … EIN VIERTEL. Aber nicht auf der Leinwand. Und das galt damals auch für schwule Medien. Schwule Geschichten waren Geschichten über weiße Männer, weiße Leute. Und wo bin ich in dieser Geschichte? Aber es gab ein paar Löcher in dieser Repräsentationsmauer. Und zwar solche Dinge wie Kleinanzeigen. Es gab endlich mal einen Beweis, dass Leute wie ich überhaupt existieren. Und deswegen hab' ich die gesammelt.*“ Yung montiert diese Beweise am Beginn seines Films als Found Footage übereinander. Während die Telefonanzeigen von der Tonspur wiedergegeben werden, scrollen die Kleinanzeigen vor drei abgefilmten Telefonzellen vorbei. Danach bezieht er die übergeordnete, strukturelle Problematik auf sich selbst, indem er seine eigene sexuelle Identität zu re-konstruieren versucht: Er geht systematisch seine bisherigen Beziehungen durch, verbindet jede mit einem eingeblendeten Schriftzeichen, in dessen Hintergrund dazu passende Filmclips zu sehen sind. Zusätzlich ordnet er per Voice-over jedem Partner eine Art Label (z.B.: he was a painter, he was an artist) zu, das in Verbindung mit der Bildebene den Grund der Trennung erahnen lässt. Abschließend analysiert er sein Sexualverhalten quantitativ, um zu berechnen, wann er die große Liebe finden wird.

Der Film bündelt die Repräsentations-Fragmente einer Minderheit und schafft dadurch das Bewusstsein ihrer tatsächlichen Unterrepräsentation. Dadurch, dass Yung im zweiten Teil seine eigene Geschichte in diesen Diskurs einbringt, schafft er es, die abstrakte Problematik nachvollziehbar zu machen. [*7]

In Resonanz[*8], Film zerteilt die Welt, um sie neu generieren zu können. Kann der Film auch die zerteilte menschliche Wahrnehmung für die Dauer der Rezeption wiedervereinigen? Psychoanalytische Filmtheorien wie auch Thesen aus der Apparatustheorie von Jean-Louis Baudry argumentieren meist in diese Richtung. Das Neugeborene kennt noch nicht den Unterschied zwischen dem Innen und Außen seines Körpers, zwischen sich und der Umwelt, zwischen Vorstellung und

Wahrnehmung. Doch im Laufe der Entwicklung werden die Vorstellungen durch Handlungen und die Wahrnehmung ihrer Auswirkungen überprüfbar. Der Moment, in dem der Mensch zum ersten Mal sein Spiegelbild als Reflexion des eigenen Körpers identifiziert, markiert dabei einen markanten Punkt im Auseinanderdriften von Vorstellung und Wahrnehmung, da er sich als geschlossene Einheit erfährt, die von der Welt abgegrenzt ist. Die Lücke zwischen beiden ist danach nicht mehr zu schließen, das Ich ist aus der Welt herausgelöst. Das Dispositiv der Kinematografie kann sie jedoch schmälern, den Zuschauer in einen regressiven, traumartigen Zustand vor dem Spiegelstadium versetzen und die Grenzen zwischen Phantasie und Wahrnehmung, Körper und Umwelt durchlässig werden lassen. Der Film wirkt also direkt auf den Körper, der seinerseits wiederum schon immer auf den Film Einfluss genommen hat, da Körperlichkeit von den Bewegungsstudien aus den Anfängen der Serienfotografie bis zum heutigen Kino sehr häufig Objekt der Darstellung ist. Florian Krautkrämers **In Resonanz** spielt offensichtlich mit genau dieser Thematik. Die Tonspur scheint eine Collage filmtheoretischer Thesen zu sein, die von Piano-Musik untermalt und von schwarzweiß gehaltenem Bildmaterial aus verschiedensten Epochen der Filmgeschichte – von Marey und Muybridge bis David Cronenberg – konkretisiert wird. Durch diese Kombination eröffnet der Film verschiedene Assoziations- und Bedeutungsräume, die sowohl unbewusst/emotional als auch intellektuell gefüllt werden können.[*9]

Desert Radio[*10], der Film **Desert Radio** ist schon im Konzept seiner Produktion ein vielschichtiges und gewissermaßen zerteiltes Werk. Er stellt auf der einen Ebene ein Orchester dar, das ein experimentelles Musikstück von Sagardína aufführt und dabei theatralische Elemente, wie den Ein- und Ausmarsch der Musiker/innen, einbindet. Auf einer zweiten Ebene ist im Hintergrund die Projektion der Video-Arbeit von Piero Glina und Sebastian Cremers zu sehen, die gelegentlich auch bildfüllend gezeigt wird. Dieses Video im Video bestand dabei aus einer monochromen Punkte-Matrix, ähnlich wie man sie aus Tageszeitungen kennt. Sowohl abstrakte Muster als auch konkrete Filmszenen wurden in dieser Form dargestellt, um dem Zuschauer die Freiheit für Assoziationen zu lassen und die Musik nicht zu terminieren. Video-Künstler Piero Glina: Das alte Problem ist, wenn man Bild und Musik zusammenbringt, dass das Bild immer stärker ist als die Musik und dann praktisch der Musik einen Rahmen vorgibt und definiert, was die Musik aussagen will, und die Richtung bestimmt. Deswegen haben wir versucht, einen Weg zu finden, unser Bild möglichst abstrakt zu halten und eher Raum für Assoziationen zu lassen und zu geben. Und deswegen praktisch alle Mittel, mit denen man Bilder generieren kann, so weit wie möglich runterzufahren. Also keine Farbe und den Aufbau der Bilder so weit runterfahren, dass es nur noch diese Rasterpunkte sind, die manchmal konkretere Bilder ergeben und, gegen Ende, im zweiten Teil des Stückes nur noch abstrakt sind und praktisch als einzelne Punkte die Hauptrolle spielen. Die konkreten Bilder waren Found Footage und stammten aus Filmklassikern von Ingmar Bergman und Luis Trenker. Die Auswahl der Sequenzen erfolgte jedoch hauptsächlich nach ästhetischen Kriterien und den dargestellten Motiven. Es war jetzt nicht wichtig, dass es eine Szene von Ingmar Bergman ist, sondern eher, dass man eben auf dieser Szene ein Kind sieht, auf dessen Gesicht sich Schattenspiele abspielen, und das sich bewegt und zum Fenster rausschaut, weil man damit mehr anfangen kann als mit der Information, dass dieser Filmschnipsel von Ingmar Bergmann ist. Dadurch addieren sich dann aber trotzdem wieder andere Bilder im Kopf dazu und man macht sich selber seine Gedanken dazu und überlegt sich, wie das irgendwie zusammenpassen könnte. Mit den anderen Bildern, die man vorher gesehen hat, mit Bewegungen, die man vorher gesehen hat, und halt ganz besonders mit der Musik, die man gerade hört.

Die einzelnen Elemente, die von verschiedenen Künstler/innen in einem demokratischen Prozess ohne eine übergeordnete Instanz geschaffen und kombiniert wurden, organisieren sich zu einem vielschichtigen und atmosphärisch dichten Werk.[11]

Walking Helen[12], Sprache zerteilt die Welt in Worte. Kann ein Computer, der Worte kombiniert, die Welt aus diesen Bedeutungseinheiten regenerieren, so wie wir es tun? Was würde das über uns selbst, über unser Selbst aussagen? Richard Powers verarbeitete derartige Fragen in seinem Buch Galatea 2.2, das die textliche Grundlage für Bradfords Film lieferte. *The book deals with an author who is at a university and at this university they're doing work on artificial intelligence. This author is heading dry spell and he doesn't know, what to do next. And so he becomes friend with some of these cognitive scientists and computer scientists and ends up receiving the job of trying to teach an artificial neural network language.* Collin Bradfords Film beginnt mit dem Bild von Nullen und Einsen, den kleinsten Einheiten digitaler Informationsverarbeitung. Diese werden von simplen Wort-Kombinationen als Voice-over begleitet, die im weiteren Verlauf stetig

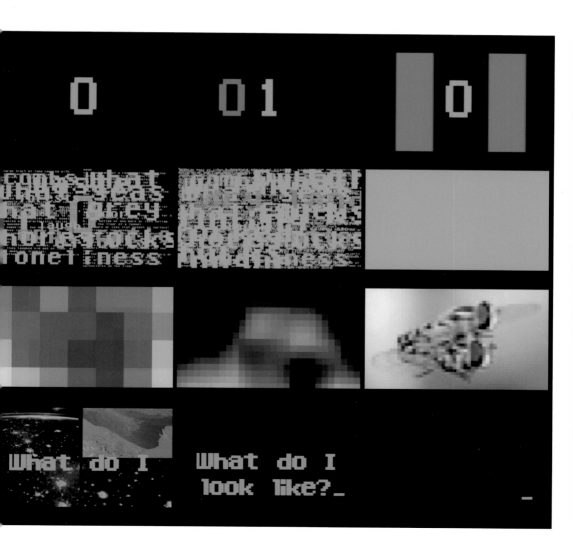

Walking Helen | Collin Bradford | 2007 | 4 Min. | miniDV | USA | Sprache: en

komplexer werden und die Möglichkeiten des Sprachsystems erforschen. Bald darauf erscheinen sie auch als Worte im Bild, bis sie die ganze Fläche ausfüllen. Es folgen Reihungen von grob gepixelten Standbildern, die später dank höherer Auflösung klarer werden, bis man die chinesische Mauer erkennt. Die Fotos werden von Film-Sequenzen des Kalten Krieges und Aufnahmen der Erde aus dem Weltraum abgelöst, während die künstliche Intelligenz im Voice-over die Einstellungen jeweils durch ein „and" verbindet und zunehmend abstrakte, fast poetische Sätze formuliert. Am Ende des Films stellt sie die finale Frage an ihren Schöpfer: *What do I look like, Richard?*

And what's most interesting about it to me is the way, that it becomes apparent, that our ability to conceptualise at the self is totally dependent on our language ability. And without language, we wouldn't have an ability to think about the self. I guess, I'm not necessarily interested in artificial intelligence for it's own means, but it says something, I think pretty interesting about us, as humans.[*13]

Energie![*14], geradezu auffordernd beginnt Thorsten Fleischs Film mit der Einblendung des Titels: **Energie!** Die Arbeit besteht aus Momentaufnahmen von elektrischen Entladungen, die, von einem atmosphärischen Geräusch untermalt, 25-mal pro Sekunde auf den Zuschauer einprasseln.

Ich habe auf ein Photopapier eine Spannung von ca. 30.000 Volt gegeben. Die Blitze, die dabei entstanden sind, haben das Photopapier belichtet. Dies habe ich dann sofort entwickelt. Irgendwann hatte ich dann genug geeignete Photos und die habe ich eingescannt und arrangiert. Die Collage scheint Netzhaut und Psyche gleichermaßen an ihre Grenzen zu bringen und verdeutlicht dabei die Kraft und Geschwindigkeit der elektrischen Energie, die unsere Welt so grundlegend verändert und der modernen Beschleunigung die entscheidende Möglichkeit zur Simultanität gebracht hat. Aus der Symbiose zwischen dem statischen Abbild instantaner Geschwindigkeit und seiner mechanischen Wiederholung entsteht eine ebenso psychische wie physische Erfahrung der spätmodernen Welt. Ich arbeite gerne mit einem Material, was mich interessiert, und das ist hier eben die Hochspannung bzw. das Gesicht des Stroms. Strom als Motor unserer Zivilisation, obwohl allgegenwärtig, fließt er unsichtbar und verrichtet still seinen Dienst ...

Das Zerteilen und das Generieren sind für das bewegte Bild konstitutiv und notwendig. Doch gibt es auch Bruchstellen an oder Alternativen zu diesem Konzept? Gerade der letzte Film thematisiert die kulturelle Bedeutung der elektrischen Energie. Markiert sie möglicherweise eine Abwendung vom Dogma der Mechanisierung? Wird der Zwang zur Zerteilung überwunden durch immer größere Beschleunigung und schnellere Rechenleistung? Auf technischer Ebene sicherlich nicht. Die allgegenwärtige digitale Technik mit ihrer unüberwindbaren Zerteilung der Welt in den Binarismus zwischen 0 und 1, Strom an und Strom aus, scheint nur die radikalste Erfüllung des mechanisch zerteilenden Paradigmas zu sein. Doch auf einer anderen Ebene, der gesellschaftlich-kulturellen, wirken aktuelle Technologien auf ganz andere Weise. Folgt man Marshall McLuhan, so führen die elektrischen und elektronischen Medien den zerteilten Menschen der Mechanisierung wieder zusammen, schaffen durch Beschleunigung eine neue Raum/Zeit-Konstellation, durch die die Welt zu einem „globalen Dorf" zusammenrückt. Es scheint sich eine Schere zwischen der technischen Zerteilung und ihrer kulturellen Auswirkung aufgemacht zu haben, die sich mit fortschreitender Entwicklung weiter öffnet. Dieses Prinzip scheint schon im Film angelegt zu sein. Das Foto eines Ereignisses greift sich einen Moment heraus, während der Film es technisch gesehen in 24 Bilder pro Sekunde zerteilt. Doch kulturell wird das bewegte Bild als umfassender und vollständiger wahrgenommen. Digitale Kommunikation über das Internet als aktuellste Entwicklung erscheint uns durch Video-Streaming, Voice-over-IP und der Möglichkeit, mit so gut wie jedem Ort dieser Welt sekundenschnell in Kontakt zu treten, unfassbar vollständig und kohärent, während sie auf technischer Ebene die Zerteilung par excellence darstellt. Arbeitsteilige Prozesse, wie die Produktion eines Films, liegen durch technische Innovation, wie DV-Kameras und Schnittsoftware, plötzlich wieder in einer Hand und sind gleichzeitig auf unzählige Komponenten innerhalb der Geräte verteilt, die dabei jedoch niemand bemerkt.

Die Dialektik der bewegten Bilder, also die des Zerteilens und Generierens, geht weit über ihre technische Dimension hinaus. Sie scheint auf Medien aller Art und ihren kulturellen Einfluss übertragbar. Jede der beschriebenen Arbeiten thematisiert dieses dialektische Begriffspaar folgerichtig auf verschiedensten Ebenen und setzt den Schwerpunkt jeweils an anderer Stelle. Die Summe der Einzelteile generiert dadurch ein facettenreiches Bild dessen, was bewegte Bilder als kulturelle Technologie bedeuten können.

*¹ Florian Krautkrämer, 5 Min., 16 mm /// *² Florian Krautkrämer: *„Normalerweise hat ein Film immer am Schluss ein Schwarzband, so-dass der Vorführer nach dem letzten Bild, das das Publikum sehen soll, noch in Ruhe die Klappe zumachen kann. Das hat der Film nicht. Also das letzte Bild, das das Publikum sieht, ist auch das letzte auf dem Film und dann läuft der Filmstreifen durch den Projektor und gleich danach kommt Weißlicht auf die Leinwand, was normalerweise NIE passiert im Kino. Und der Vorführer kann auch entscheiden, wann die Vorführung zu Ende ist. Das ist eines der Ziele des Films, dass der Vorführer mal im Mittelpunkt steht und entscheiden kann, wann der Film zu Ende sein soll.“* / Alex Gerbaulet: *„Also eigentlich eine Live-Performance ...“* / Florian Krautkrämer: *„Ja genau! Der Vorführer ist ganz wichtig bei diesem Film.“* / Florian: *„Bei der Studie über die Zeit merkt man schon, dass er auf eine bestimmte Art von strukturellen Filmen abzielt. Es gibt ja durchaus eine Menge älterer Filme, die ich auch ganz gut finde und über die ich mich auch nicht lustig machen wollte, aber die doch ganz ernst versuchen, mit so etwas wie der Zeitwahrnehmung zu spielen, oder versuchen, dem Publikum ganz bewusst zu machen, dass sie im Kino sind. Also die versuchen zu verdeutlichen, dass man einen Stuhl unterm Hintern hat, und versuchen eben nicht, das Publikum irgendwie in andere Sphären und Welten zu transportieren. Mein Film ist so ein bisschen ein ironischer Kommentar dazu, ohne sich darüber lustig zu machen.“* /// *³ Michael Wirthig, 2 Min., Super 8 /// *⁴ Cem Kaya, 25 Min., DV /// *⁵ Alex Gerbaulet: *"Cem Kaya kann leider heute nicht hier sein, aber wir sollten trotzdem über seinen Film reden. Er hat viel zu dieser Remake-Kultur geforscht, die ja auch eine Form von Aneignung ist. In dem Fall in der Türkei. Und er thematisiert, wie sie dort anfangen, die ganzen westlichen Einflüsse total zu vereinnahmen und eigentlich kannibalisch daraus eigene Filme zu machen. Ich fand auch interessant, dass man in diesem Remake natürlich auch solche Sachen herauslesen kann wie Bild-Macht-Konfigurationen, weil natürlich der amerikanische Film um Längen besser gemacht ist. Er ist besser ausgeleuchtet, der Ton ist besser. All diese Kleinig-keiten, all diese Produktionsbedingungen kann man da aus diesen Bildern im Subtext rauslesen ...“* / Wayne Yung: *„Ja, ich find das auch interessant. Nicht nur die Politik des Remake, sondern auch die Politik der Synchronfassung.“* /// *⁶ Wayne Yung, 4 Min., DV /// *⁷ Wayne Yung: *„Wir als einfache Leute auf der Straße eignen uns ja auch die Produktionsmittel von Medien an. Es geht nicht nur darum, dass asiatische Leute oder türkische Leute auf der Leinwand erscheinen, sondern auch, wer das Buch schreibt, wer Regie führt, wer die Kontrolle über das Geld hat. Deswegen finde ich, dass moderne Technologie, Video-Kameras und iBooks, wirklich eine Revolution für die Leute sind, da es möglich wird, die Medien selber zu kontrollieren und was selber zu machen. Und auch solche Festivals wie AnaDoma. Ich glaube zum Beispiel nicht, dass meine Filme irgendwann auf ARD gezeigt werden. Und ich habe keinen Zugang zum großen Fernsehen, aber auf solchen Festivals kann ich meine Arbeit zeigen und meine eigene Stimme laut ausbreiten und verbreiten.“* /// *⁸ Florian Krautkrämer, 8 Min., 16 mm /// *⁹ Florian Krautkrämer: *„IN RESONANZ hat einen theoretischen Einschlag, auf der Ton-Spur und auch vom Footage-Material her, aber da ging's mir so ein bisschen darum, mir die Frage zu stellen, warum Filme so einen starken körperlichen Einfluss auf einen selbst haben? Das ist ja ein Vorzug des Mediums Film, dass er einen physisch wirklich bewegen kann. Also man merkt's ja selber, wenn man einen spannenden Film sieht, wo dann ein Schocker drin vorkommt, dann zuckt man auf dem Stuhl zusammen, und das sind Sachen, die mich interessiert haben. Eben im Unterschied zur Literatur, die ja immer versucht, einem die Gefühle klarzumachen. Es gibt ja sehr viele psychologische Romane, eine lange Tradition von inneren Monologen, wo dem Leser immer wieder klargemacht wird, was die Figur jetzt fühlt. Das ist im Film extrem reduziert. Es gibt ja auch immer wieder Leute, damit muss ich mich immer rumschlagen als Vater, der versucht, seinem Kind viele Filme zu zeigen, die immer sagen: es ist doch viel besser, die Kinder lesen erst mal Bücher oder kriegen Bücher vorgelesen, weil da machen sie sich ihre eigenen Bilder. Da frag' ich dann immer, wieso es denn jetzt besser ist, sich seine eigenen Bilder zu machen? Dafür kriegen sie die Gefühle vorgekaut bei den Büchern und im Film ist es ja vielmehr so, dass man von außen auf die Leute draufguckt und man muss wirklich ein ganzes Setting von Gefühlen und Erfahrungen haben, um überhaupt zu verstehen, was passiert. Also man muss jetzt nicht den Arm abgehackt bekommen haben, um zu wissen, dass die Schmerzen haben, aber man muss sich doch auf eine ganz andere Art und Weise in diese Figuren reindenken. Aber auch Film funktioniert auf jeden Fall extrem über Konventionen! Und über Lernprozesse. Das war ein bisschen plakativ gesagt mit der Literatur, die einem die Gefühle vorkaut, das ist klar.“* /// *¹⁰ Piero Glina / Sebastian Cremers, 23 Min., DV /// *¹¹ Sagardína: *„Also, diese Arbeit mit dem Ensemble war so aufgeteilt, dass der Komponist die Musik schrieb. Dann wurde eine Regisseurin eingeladen, die eine Inszenierung machen und theatralische Momente reinbringen sollte. Wir haben gemeinschaftlich entschieden, dass man die Leute, die man einlädt, in Ruhe lassen sollte, damit sie das zu diesem Musikstück machen, von dem sie glauben, dass es geeignet für diesen Raum ist. Es war der Versuch, basisdemokratische Ansätze in eine Ensemblearbeit einzubringen.“* /// *¹² Collin Bradford, 4 Min., DV /// *¹³ Alex Gerbaulet: *"Collin, we were just talking about generating pictures or films. What I really liked in your film was this part where you're talking about pictures and you were always saying this picture, and, and, and. And I read it like this and is another word for the cut between the pictures. We were just talking about cuts and how they bring together different kind of pictures, which create a film and a kind of story in the end. But before that, there are just single pictures. Can you tell us a little bit about that?"* / Collin Bradford: *"My film has to do with consciousness a lot and how we aquire consciousness and I guess, it is kind of similar in how we construct films. And it's a conglomeration of so many things, that have to be experienced sequentially, cause we can't take them in any other way. I guess, cuts can function in different ways and I guess, what they really are is that freedom to move on something new. If you think about films with a continous-shot like Russian Ark, where there are no cuts. And when I watch those films, they're beautifully constructed but I feel claustrophobic, because I feel like I never have the freedom to move past what's there. Maybe it's weakness or not having the capacity to stick with one thing for a, well, in case of Russian Ark for like two hours, but I really rely on the freedom of being with a break, and moving to something new."* /// *¹⁴ Thorsten Fleisch, 5 Min., DV

Desert Radar | Piero Glina / Sebastian Cremers | 2006 | 23 Min. | miniDV | D | ohne Sprache

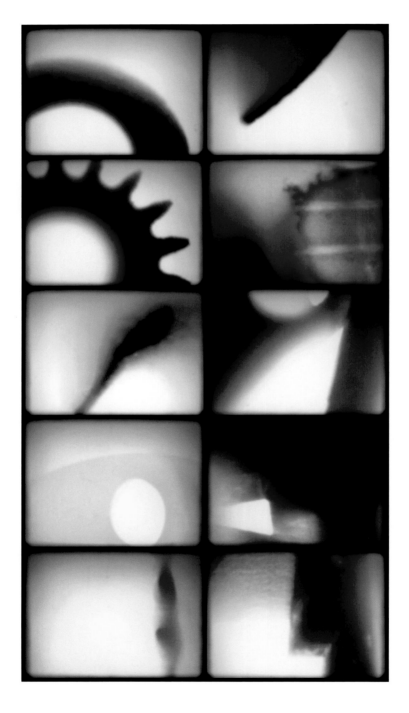

Inside 1014 | Michael Wirthig | 2007 | 2 Min. | 8 mm | D | ohne Sprache

Um über die Zeit im Film zu reflektieren, muss man alchemistisch vorgehen:

Der Mensch hat **7** äußere Öffnungen am Kopf, und in unserem Sonnensystem gibt es **7** Planeten.

Wir wiederholen hierfür die gesamte Länge des Films, den wir bis jetzt gesehen haben.

Wir wollen uns zunächst einer linearen Betrachtungsweise filmischer Zeit widmen:

Dieses war die lineare Betrachtungsweise der filmischen Zeit.

Wir brechen das Beispiel vorzeitig ab, um es an anderer Stelle wieder aufzunehmen.

Studie über die Zeit | Florian Krautkrämer | 2002 | 5 Min. | 16 mm | D | Zwischentitel: dt

In Resonanz | Florian Krautkrämer | 2004 | 9 Min. | 16 mm | D | Sprache: dt

Tagesschau? | Frank Bubenzer | 2006 | 2 Min. | miniDV | D | Sprache: dt

Einfach nur vom Ereignis reden

Syelle Hase

*„Was für Strategien kann ich entwickeln, um bestimmte Gegenstände,
Objekte, Bilder oder was auch immer zu meinen zu machen?
Das sind im Grunde genommen Fragen, die jeden Filmer betreffen."*
(Florian Krautkrämer)[*1]

Was bringt einen Menschen zum Schweigen? Höflichkeit, Angst oder auch das
Fehlen einer adäquaten Sprache?

Im Folgenden soll eine Gruppe von Filmemacher/innen vorgestellt werden, die
sich für das Reden entschieden und dafür besondere Formen gefunden haben.
Ihre wohl augenscheinlichste Gemeinsamkeit liegt – neben der thematischen Verortung im Feld der Stadt – in der Verwendung bestimmter Strategien, mit denen
sie von Ereignissen reden: Strategien der Ermächtigung und Aneignung, welche
hier den Fokus bilden sollen, um die nachfolgenden Filme genauer zu betrachten.

Vorangestellt werden soll der Gedanke, dass sich (filmbasierte) Bildproduktion,
aber auch Bildkonsum durch Blickende und Angeblickte auszeichnet. Eine ungleich
gewichtete Konstellation, bestehend aus einem aktiven und einem passiven Part,
die sich nicht immer freiwillig gestaltet. Neben eben dieser Grundannahme, welche
sich durch die Filmtheorie zieht, reihen sich Produktions- und Distributionsbedin-
gungen ein, die durch ebenfalls ungleiche Machtverhältnisse bestimmt sind. Doch
an dieser Stelle treten die Filmemacher/innen und ihre Aneignung ins Feld. Und
natürlich das Ereignis und das Reden davon. Die Filmemacher/innen ergreifen
die Stimme. Doch für mich wirft das auch Fragen auf: Von wem nehmen sich die
hier betrachteten Filmemacher/innen diese Stimme? Und geben sie etwas davon
ab? Wer spricht jetzt? Und wer schweigt eigentlich? Und worüber wird tatsächlich
gesprochen? Ist also etwas Besonderes daran, wie sie über die Ereignisse reden?
Oder reden sie über besondere Ereignisse? Festzuhalten bleibt: Reden (von bzw.
über), Aneignung und schließlich Partizipation bilden die Eckpunkte, in deren
Spannungsfeld wir uns und die ausgewählten Filme sich wiederfinden. In ihrer Mitte
das Ereignis.

Ein Ereignis impliziert immer, dass etwas passiert oder passiert ist. Es ist etwas,
„was kommt, was eintrifft", und müsse außerdem, so Jacques Derrida, [*2] völlig
überraschend und unvorhersehbar geschehen. *„Wenn es ein Ereignis geben soll
– so viel ist klar –, dann darf das nicht vorhergesagt oder im Voraus festgelegt
und nicht einmal wirklich entschieden werden."* (Derrida)

Dies bringe jedoch auch eine *„gewisse unmögliche Möglichkeit, vom Ereignis zu reden"* mit sich, die aus der (scheinbaren) Dichotomie zweier Formen des Sprechens resultiere. Einerseits gebe es die „konstative", welche sich auf theoretische Weise dem Ereignis nähert, es beschreibt und sich – siehe die Fernsehnachrichten – der Vermittlung von Wissen verschrieben hat. Auf der anderen Seite stehe mit der „performativen" eine Form des Sprechens, welche bereits im Akt des Sprechens etwas tut – der Sprechakt als Ereignis.

Die Problematik, so Derrida, ergebe sich nun aus der Tatsache, dass der Akt des beschreibenden Sprechens immer dem Ereignis nachfolgend sei. In seiner Verwendung eines bereits etablierten und deshalb durch Wiederholung gekennzeichneten Sprachsystems unterlaufe er die als grundlegend bezeichnete Eigenschaft des Ereignisses: die „Singularität". In eben diesem Sprechen über das Ereignis – und an dieser Stelle verschärft sich die Problematik – finden immer und dies häufig unter größter Diskretion eine Interpretation, eine Auswahl und Betonung statt, welche *„das Ereignis machen, anstatt es bloß abzubilden".* Eine wirkliche Trennung zwischen konstativem und performativem Sprechakt ist also nicht praktikabel.

Der Film **United States of Exception** (2004) des Hamburger Filmemachers Olaf Sobczak zeigt Straßenbarrikaden und Sicherheitszäune, welche US-Botschaften in verschiedenen Städten als Sicherheitsmaßnamen vor Terroranschlägen um ihre Gebäude und Mitarbeiter herum errichtet haben. Diese Sicherheits-Architektur manifestiert Terrorvisionen nicht nur visuell im öffentlichen Raum, sondern schreibt der Bevölkerung in ihrer absoluten Exklusion auch eine Außenperspektive zu, welche die Kamera hier wieder aufgreift. Eine reine Beobachterposition einnehmend kommt der Film ohne Worte aus.

In seinem Film **Tagesschau?** (2006) greift Frank Bubenzer auf das Format der Tagesschau zurück und verwendet Bilder der beliebten und als glaubwürdig im öffentlichen Bewusstsein verankerten Nachrichtensendung. Anstatt jedoch deren Wahrheitsmacht zu unterstreichen, formuliert Bubenzer (über das Hochpitchen des Tons) Fragezeichen. Die Verwendung von vorgefundenem Filmmaterial begründet er, ganz Kind der Generation Found Footage, in der Unnötigkeit, bereits vorhandene Filmbilder noch mal zu drehen, und stellt damit die Einzigartigkeit der Ereignisse bzw. ihrer Bildproduktion in Frage. Schlüsselerlebnis, so berichtet Bubenzer war eine eigene Filmproduktion, während der er feststellen musste, dass eine geplante Einstellung in eben der geplanten Form („Fahrradfahrer, der Berg

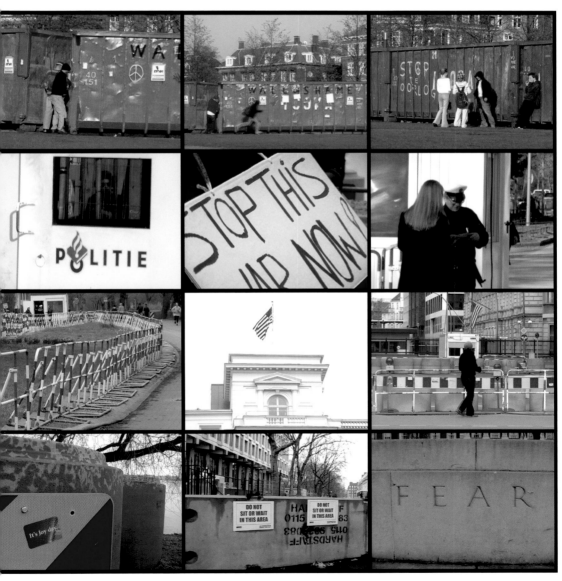

United States of Exception | Olaf Sobczak | 2005 | 14 Min. | miniDV | D | ohne Sprache

hoch- und wieder runterfährt und dann ins Wasser fällt") bereits von Jacques Tati gedreht worden war.

Der Super 8-Film **Keru** (2006) von Stefan Möckel ist nicht nur als eine Auseinandersetzung mit urbanen Räumen zu verstehen, sondern verweist in seinem stark reduzierten Bildmaterial auf die Bedingungen, unter denen ein spezielles Ereignis stattgefunden hat. Die Bilder zeigen die Wilke-Werke in Braunschweig und thematisieren ihren umstrittenen Abriss. Der ornamentale Film basiert auf nur sechs Fotografien von eingeworfenen Fensterscheiben und greift damit die bereits von anderen Akteuren im Voraus bearbeitete Architektur motivisch auf. Der eigentliche Plan des Filmemachers bestand darin, sämtliche Fenster des Gebäudes zu fotografieren. Doch bevor Möckel die übrigen Fotos machen konnte, wurde die alte Fabrikanlage abgerissen. Der Begriff des *„vom Ereignis reden"* beziehe sich, so Alex Gerbaulet, in diesem Zusammenhang auf das Aktive, *„nämlich verschiedene Strategien, wie man überhaupt über Dinge reden kann, die passiert oder nicht passiert sind".* Und es könne, bemerkt Sebastian Bodirsky, die Form einer Beobachtung einnehmen, welche die Effekte von Ereignissen im öffentlichen Raum festhalte.

Michel Klöfkorn selbst bezeichnet die Thematik seines Films **Ampelsitzen** (2007) als einen Teil seines filmischen Werkes, das sich mit der durch das Auto gestalteten Gesellschaft und (Stadt-)Landschaft beschäftigt. Das Ampelsitzen versteht Klöfkorn als eine Umnutzung der Stadt und von urbanen Gegenständen, als eine Zurückeroberung und Aneignung von öffentlichem Raum. Über die unerwartete Bemächtigung der Möblierung des Straßenverkehrs hinaus stellte Krautkrämer auch auf formaler Ebene des Filmes Aneignungsstrategien fest. In seiner Ästhetik und auch Wirkung bediene sich **Ampelsitzen** bei geläufigen Formaten von Fernsehberichten oder auch Werbeclips. Doch handele es sich, präzisiert Klöfkorn, nicht um die Bewerbung eines Produktes, sondern um die einer Idee, für welche er sogar namensgebend gewesen sei.

Sebastian Neubauers Film **Freiheit und Verantwortung** (2007) spricht von einem Ereignis, das es längst bis ins Fernsehen geschafft hat. Doch spricht oder besser: redet Neubauer nicht mit eigenen Worten über das Ereignis, sondern bedient sich der Worte Sartres. Zu dem Found Footage – dessen Verwendung mittlerweile als klassische Aneignungsstrategie gelten kann – des Sartre-Interviews

Sartre über Sartre (F 1976), das er dem Fernsehen entnommen hat, spricht bzw. singt Neubauer live die deutsche Untertitelung mit, überwindet damit die ihm eigentlich zugeschriebene passive Zuschauerrolle und gibt den fremden Worten durch seine Aneignung eine eigene Bedeutung und Intonation. ‚Karaoke' nennt er es selber. Cover und Remix wären weitere Begriffe, die man finden könnte. Denn es geht trotz der momenthaften Aneignung weniger um eine Nähe zu der Art und Weise des Sprechens des Vorbildes, wie es in der Karaoke üblich ist, sondern vielmehr darum, in dem Reagieren auf den Text eine eigene – vom Original differenzierte – Stimme zu entwickeln. Dies soll trotz seiner humorvollen Art nicht die Worte Sartres ins Lächerliche ziehen, sondern vielmehr die Zustimmung des Filmemachers bekunden: *„Der Text ist gut, also singe ich ihn und der geht jetzt in mich über."* (Neubauer)

Bei **Sag nicht, es sei dunkel** (2007) handelt sich um ein subjektives Stadtportrait, welches das Gefühl transportieren soll, das Sebastian Bodirsky hatte, als er nach Belgrad kam. Spazierengehenderweise hat er sich die fremde Stadt erschlossen und dabei eine, wie er sagt, *„gebrochene Faszination"* entwickelt. Auf der einen Seite stünden die Menschen und ihre Art, sich im öffentlichen Raum zu bewegen, auf der anderen immer auch das Bewusstsein für die wichtige Rolle der Stadt für den Ausbruch des Kosovo-Krieges. Die Perspektive Bodirskys im Film oszilliert zwischen der eines Kenners, der sich eine Stadt in ihren Gewohnheiten angeeignet hat, mit Menschen ins Gespräch gekommen ist, und der eines Außenstehenden, eines Touristen, der Besonderheiten wie architektonische Details noch bemerkt. Die eingesprochenen Sätze bilden in diesem Rahmen, so stellt Gerbaulet fest, *„einen Blick zurück"*, einen Verweis auf das ‚Reden über den touristischen Blick' und stellen Fragen wie: *„Was sieht man überhaupt? Mit was für Filtern kommt man schon an so einen Ort? Von wo guckt man überhaupt?"*

Der ebenfalls ornamental anmutende Super 8-Film **It's strange time** (2005) von Stefan Möckel kann, so Krautkrämer, in die Reihe der ‚gefundenen Bilder im Film' eingereiht werden, bedient er sich doch einer in dieser Form vorgefundenen Situation. Anstatt Found Footage im Sinne von bereits vorhandenem Filmmaterial, greift Möckel dafür auf Scans von Magazin-Bildern zurück, die er mit eigenen Filmaufnahmen ergänzt. Auf diese Weise entsteht eine ungewöhnliche Auseinandersetzung mit einer fragwürdigen Werbeanzeige bzw. Werbeplakat – und ein überraschendes Ende.

Ampelsitzen | Michel Klöfkorn | 2007 | 1 Min. | miniDV | D | Sprache: dt

Search Engine | Wayne Yung | 1999 | 4 Min. | miniDV | CAN | Sprache: en mit dt UT

Sag nicht, es sei dunkel | Sebastian Bodirsky | 2007 | 28 Min. | Beta SP | D/RS | Sprache: dt/serbisch

Wie ich ein freier Reisebegleiter wurde (2007) dokumentiert mit ironischem Unterton den Versuch des Filmemachers Jan Peters, sich auf dem freien Markt der freien Reisebegleiter zu behaupten. Er tut es einem Frührentner gleich, der tagtäglich Passagiere gegen einen kleinen Unkostenbeitrag vom Frankfurter Flughafen mit seinem Gruppenticket der öffentlichen Verkehrsmittel transportiert. Die Form des Videotagebuches erlaubt es Peters, sowohl die Position vor als auch hinter der Kamera einzunehmen, mit eigenen Kommentaren den Blick des Betrachters zu lenken. Seine Kontrollgewalt hinter der Kamera gibt er nur scheinbar aus der Hand, sobald er sich auf die unsichere Situation des freien Unternehmertums einlässt. Handelt es sich doch bei ihm – anders als bei seinem Kollegen – um eine frei gewählte Situation.

Während bei allen bisher genannten Filmen ein Bezug zu dokumentarischen Formaten festzustellen ist, greift **Turn your smile on** (2006) von Sebastian Binder und Marius Böttcher auf fiktionale und schauspielerische Elemente zurück. In dem musikclipartigen Film lassen sich die Insassen und das Personal eines Flugzeuges von Klammern das Gesicht krampfhaft zu einem Lächeln verzerren. Von Reden kann hier keine Rede mehr sehr. Der freundlich gemeinte Gesichtsausdruck erstarrt zur Maske, zum Piktogramm.

Der Begriff 'reden von' soll über die besprochenen Filme hinaus noch einmal aufgenommen werden, ruft er doch unterschiedliche Assoziationen hervor, die sich u.a. um das Feld der Sprache, das Vorhandensein bzw. die Produktion von Text sowie den Einsatz von gesprochenen oder verschriftlichten Worten drehen. Hervorgehoben werden soll der Einsatz von Sprechen, Wort und Text sowie deren Verteilung, Gebrauch und Funktion in dem Komplex filmischer Formate. Auffällig ist hier eine Entkoppelung von Bild und Sprache im Realton und dafür eine Addition eingesprochener bzw. geschriebener Worte. Bei diesen Off-Texten handelte es sich häufig um von den Filmemachern/innen formulierte subjektive Eindrücke und Gedanken, die nicht in direkter Verbindung mit den zu sehenden Bildern stehen. Ton – als gesprochenes Wort – und Bild sind also nicht zwangsläufig zusammenhängend (synchron). Die Worte entstehen nicht aus der filmischen Aufnahme, werden nicht von einer Person im Bild formuliert, sondern separat produziert und in der Montage hinzugefügt. In dieser Gleichzeitigkeit, Parallelität und Differenz der gesprochenen Worte zum Bild entstehen Bedeutungsverschiebungen und neue Bedeutungsebenen werden eröffnet.[*3]

Dabei kann auch hier von einer Aneignung über die Bilder der Kamera hinaus gesprochen werden. Das Loslösen des Tons von den Bildern und dem Sprechen mit der eigenen (subjektiven) Stimme kann als Aneignungsstrategie – der Stimme als Organ zur Produktion von Text und Bedeutung – verstanden werden. Der Filmemacher richtet sich in direkter Ansprache an den Rezipienten. Kritisch könnte man dabei bemerken, dass die Subjekte im Film nicht zu Wort kommen, ihnen keine Stimme gegeben wird.

Doch soll noch einmal nach der Qualität der eingesprochenen Texte gefragt werden. Es ist festzustellen, dass es sich weniger um ein Beschreiben denn vielmehr um ein Kommentieren und subtextuelles Darüberhinaus handelt. Bei einigen handelt es sich beim Gesprochenen um eine Art poetischen Text, welcher ebenfalls als Kommentar zum Bild, in jedem Fall aber als etwas Zusätzliches verstanden werden kann. Die Bedeutung der Filme konstruieren die Filmemacher/innen innerhalb dieses Spannungsfeldes zwischen Text und Bild, zwischen Details im gefilmten Alltag und den davon separierten subjektiven Worten. Dabei wird den Rezipienten/innen ein großes Maß an Eigenleistung zugemutet bzw. zugetraut, da er Text und Bild quasi getrennt dargeboten bekommt und das Dazwischen vom Filmemacher nicht explizit formuliert wird. Auf Erklärungen, Ein- oder Hinleitungen wird zu Gunsten der Wirkung der Worte häufig verzichtet. Die Erzählstruktur verläuft vielmehr fragmentarisch denn linear. In Einzelfällen erschließt sich die Bedeutung des Films bereits bzw. erst durch die Einspielung von erklärendem Text im Vor- oder Abspann.[*4]

Doch anstatt von diesem Hinzufügen von Text auf ein Defizit der Bilder zu schließen oder den Bildern die Potenz abzusprechen, für sich selbst sprechen zu können, kann man in diesem Einsatz von Wort und Text eine besondere Form des ‚Sprechens über' entdecken, bei der die Gewichtung ganz klar auf die Perspektive der Filmemacher/innen, aber auch der Betrachter/innen gesetzt ist.

[*1] Mit Ausnahme der Beiträge von Jacques Derrida (2003) entstammen alle im Folgenden als Zitat gekennzeichneten Textabschnitte Diskussionsbeiträgen während des Filmfestivals AnaDoma. Fest für Film und Video – Rendezvous der Macher/innen, 2008. /// [*2] Derrida, Jacques (2003): Eine gewisse unmögliche Möglichkeit, vom Ereignis zu reden, Berlin /// [*3] Zu beobachten ist dies in Filmen wie **Ampelsitzen** (2007) von Michel Klöfkorn, **Üben für Utiopia** (2006/2007) von Nele Wohlartz, **Cambiar** (2007) von Joana Coppi oder auch **Wilder Westen** (2006) von die königinnen. /// [*4] Ein Beispiel wäre hier **Building Festival** (2007) von Benjamin Cölle.

Turn your smile on | Sebastian Binder/Marius Böttcher | 2006 | 6 Min. | miniDV | D | Sprache: en

It's a strange time | Stefan Möckel | 2005 | 3 Min. | 8 mm | D | ohne Sprache

Keru | Stefan Möckel | 2006 | 1 Min. | 8 mm | D | keine Sprache

Freiheit und Verantwortung | Sebastian Neubauer | 2007 | 3 Min. | miniDV | D | Sprache: dt

Wie ich ein freier Reisebegleiter wurde | Jan Peters | 2007 | 15 Min. | miniDV | D | Sprache: dt

Flirting with Tehran | Martyna Starosta / Melanie Schlachter | 25. und 26.01.2008 | Audioperformance

FRAUEN IM UNTERGRUND

Marina Brell

„Es gibt ein gutes Prinzip, das die Ordnung,
das Licht und den Mann,
und ein schlechtes Prinzip, das das Chaos,
die Finsternis und die Frau geschaffen hat."

Dieses Zitat stammt von Pythagoras, einem griechischen Philosophen und Mathe-
matiker, der sich als einer der ersten Philosophen überhaupt mit einem Frauen-
bild auseinandersetzte. Pythagoras stellt in seinen Überlegungen die Harmonie
ins Zentrum und sieht sie als das wichtigste Merkmal einer gut funktionierenden
Gesellschaft an. Dies schließt jedoch nicht aus, dass Mann und Frau einem hierar-
chischen System unterliegen. Die Frau muss sich demzufolge als dem Chaos und
der Finsternis und, um es mit den Worten des Filmprogrammtitels zu fassen, als
dem Untergrund zugeordnetes Wesen begreifen, wohingegen der Mann im Lichte
erstrahlt. Wir leben allerdings nicht mehr in den Jahren um 500 v. Chr. und es
haben sich seitdem unzählige Menschen weitere Gedanken zu den Begriffen Frau
und Mann bzw. Geschlecht und Identität gemacht. Einige dieser Theorien stellen
die Frau dem Mann gleich oder versuchen darüber hinaus, den immer wieder als
Ausgangspunkt auftretenden patriarchalischen Dualismus aufzubrechen. Eine der
Vordenker/innen diesbezüglich ist Simone de Beauvoir. Zu ihren bedeutends-
ten Werken zählt der Essay Das andere Geschlecht, in dem sie, unter anderem
unter Berücksichtigung des Existenzialismus ihres Zeitgenossen Jean-Paul Sartre,
formuliert: *„Man kommt nicht als Frau zur Welt, man wird es. Kein biologisches,*
psychisches, wirtschaftliches Schicksal bestimmt die Gestalt, die das weibliche
Menschenwesen im Schoß der Gesellschaft annimmt." [*1] Diese Worte deuten
bereits die bis heute in Gender-Diskursen aufzufindende Unterscheidung zwischen
dem biologischen Geschlecht, dem sogenannten Sex, und dem sozialen Geschlecht bzw. der Geschlechtsidentität, dem Gender, an.

    Im Folgenden sollen Filme vorgestellt werden, welche sowohl ernst, spielerisch
als auch gebrochen ironisch mit den vielfältigen Rollen von Frauen umgehen.
Das hierarchische System Pythagoras' wird in den fünf Werken ausgelotet bzw.
verdreht und unterlaufen. Das benannte Chaos und die Finsternis können eine

heilsame Wirkung entfalten und Raum für eigene Gedanken und die Beschäftigung
mit dem Ich geben. Die Facetten einer Frau – und auch die eines Mannes – werden
dabei in Kontrast oder in ein harmonisches Verhältnis zu Räumen und Raumvor-
stellungen gesetzt. Dabei ist nicht immer klar, welcher der beiden Aspekte zutrifft,
und die Zuschauer/innen werden in diesen Fällen aufgefordert, selbst nach
einer Antwort zu suchen. Die Spannungen und Rätsel, die entstehen können,
fomen zugleich den Untergrund als auch den Abgrund, in dem sich die einzelnen
Charaktere befinden. Der Untergrund, der sich in fassbaren Raumkonstruktionen
widerspiegeln kann, wird ebenso als jenseits etwas Greifbarem zu verstehen und
zu erahnen sein. Ob mit den Augen wahrnehmbar oder imaginär, rücken die Filme
die Tatsache in den Blick, dass Untergründe und Abgründe nicht einfach existieren, sondern Resultate einer menschlichen Kreation sind.

Der erste Film trägt den Titel **Jedes Zimmer hinter einer Tür**.[*2] Man sieht
die Filmemacherin Petra Lottje, wie sie in Rollen von Frauen unterschiedlichster
Filme schlüpft. Lottje ist begeisterte Sammlerin einzelner Sätze sowohl männli-
cher als auch weiblicher Filmrollen. In **Jedes Zimmer hinter einer Tür** sind vor
allem Dialoge zwischen Mann und Frau zu finden. *„Die Frauen in diesen Filmen
haben meist den gleichen Ton in der Stimme. Auch wenn sehr unterschiedliche Schauspielerinnen in den einzelnen Filmen mitspielen, so hört sich ihre
Synchronstimme – abgesehen davon, dass es natürlich nicht Unmengen an
Synchronsprecherinnen gibt – sehr oft sehr ähnlich an. Außerdem enthalten
die Sätze häufig im Kern eine Wahrheit, auf welche jedoch im weiteren Verlauf
des Filmes nicht näher eingegangen wird.“* Indem sich die Filmemacherin die
synchronisierten, weiblichen Sätze dieser Dialoge in ihrem Film zu eigen macht,
rückt sie den für einen Dialog notwendigen und in diesem Fall männlichen Ge-
sprächspartner in den für den Zuschauer unsichtbaren Raum hinter der Kamera.
Lottje bedient sich des akustischen Found Footage, weshalb man von einer Art
Selbstermächtigung sprechen kann. Visuelles Found Footage wird negiert, sodass
die Selbstermächtigung aufgrund des In-die-Rolle-Schlüpfens und der eigenen
Ausgestaltung des jeweiligen Drehortes, der Wahl der Einstellung etc. besonders
hervortritt. Die Filmemacherin betont hierzu: *„Ich finde es gut, dass dadurch ein*

Jedes Zimmer hinter einer Tür | Petra Lottje | 2006 | 18 Min. | miniDV | D | Sprache: dt

gewisser Abstand entsteht. Spricht man von einem Film, dann meint man damit auch einen Apparat, welcher durchlaufen wird: Vom Buch, Drehbuch, Regisseur, Schauspieler zu der schließlich in Deutschland erfolgenden Synchronisation. Ich wollte mir diese Schritte nehmen, sie komprimieren und filtern. All das sollte ganz schlicht in meiner Wohnung mit nur einer Einstellung geschehen. Ich wollte alles neu und zu Meinem machen." Diese Art der Befreiung von Aussagen aus dem Kontext eines bestimmten Filmes macht diese wiederum besonders einpräg-sam. Zugleich wird deutlich, welche Wirkung die Tonebene in Filmen hinterlassen kann. Wenn man sich als Zuschauer/in beim Hören der Sätze an die jeweiligen originalen Filme erinnert, so breitet sich vor dem geistigen Auge eine ganze filmische Ära aus. Die einzelnen Dialoge bzw. Szenen können in Relation zu diesen Originalen gesetzt und Gemeinsamkeiten und Unterschiede für Interpretationen herangezogen werden. Ein solcher Ansatz würde eine weitere Ebene in die Deutung des Filmes mit einbeziehen – sicherlich auch hinsichtlich der jeweils verkörperten Frauenrollen. Die verwendeten Sätze legen den Schluss nahe, dass über diesen Facettenreichtum hinaus der Film vor allem Kritik am männlichen Blick bzw. dessen Rolle gegenüber der Frau übt. Die Filmemacherin entgegnet jedoch, dass es ihr beim Dreh nicht auf den beispielsweise begehrenden, männlichen Blick ankam, sondern vielmehr Fragen und Aspekte im Vordergrund standen, welche jenseits einer Geschlechterthematik auftreten, wie *„Was ist Liebe?"*, *„Was sind Gefühle?"*, *„Was ist Begehren?"* oder *„Was ist eine Beziehung?"*

   Kevin Kirchenbauer zeigt mit seinem Film den Ort, den man wohl zuallererst mit dem Begriff Untergrund verbindet. Durch eine verlassene U-Bahn-Station in Mon-treal läuft eine Frau, die schließlich in eine U-Bahn steigt, diese nach einiger Zeit wieder verlässt und in die Stadt bzw. in die sogenannte **Whiskeyne Nacht**[*3] – so der Titel des Films – entschwindet. Eine Handkamera begleitet ihre einsame Reise in perspektivischer Untersicht. Aus dem Off eingesprochen, entfaltet sich dazu der innere Monolog der Frau: *„Ich mag es, Sex zu haben, während andere Men-schen gerade nach dem Abendessen noch die Zähne putzen oder noch schnell staubsaugen, weil sie ja morgen früh rausmüssen. Ich versuche, nicht zu viel* *nachzudenken, sonst passt irgendwann gar nichts mehr mit meinen Gefühlen zusammen. Vielleicht fühle ich einfach falsch."* Wenig später kommt sie zu der Frage: *„Oder könnte ich Gefühlsschulden etwa mit Gedankenkredit bezahlen?"* Dieser in Gedanken sich vollziehende poetische Monolog wird von der Portugiesin Rita Macedo auf deutsch erzählt und bildet die Tonebene des Films. Kirchenbauer dazu: *„Ich habe den Text für Sie auf Portugiesisch übersetzt. Als ich diesen Text geschrieben habe, habe ich nicht an einen Film gedacht. Ich habe einfach ausprobiert und versucht, mich von meinem eigenen Stil ein bisschen zu lösen. Dabei habe ich mich in irgendjemanden hineinversetzt. Es war nicht wichtig, ob das ein Mädchen oder ein Junge ist"*. Das Sprechen des Textes in einer für die Schauspielerin fremden Sprache lässt wiederum eine gewisse Distanz zum Gesagten entstehen. Der Raum, der sich zwischen Verstehen und Nicht-Verstehen eröffnet und den wir in den sprachlichen Nuancen nur erahnen können, könnte dabei auf die Verfassung der Frau verweisen. Aus ihrem Text lässt sich der Versuch herauslesen, eigene Worte für ein Begehren zu finden, welches jenseits von Konventionen und festen Geschlechterrollen zu verorten ist. Selbstbestimmte Äußerungen wechseln mit unsicheren Abwägungen, die schließlich in der Frage zu kulminieren scheinen, wie und ob es auch für Gefühle einen äquivalenten Tauschwert geben kann (Gedankenkredite). Die utopische Überlegung, wie mit all den Gedanken und Gefühlen vielleicht doch noch umzugehen ist, verschwindet schließlich so schnell, wie sie gekommen ist: *„Werfen wir uns lieber wieder in eine Whiskeyne Nacht!"* Dieser letzte Satz des Films gilt zugleich als Vorhersage weiterer und höchstwahrscheinlich nie enden wollender, labyrinthähnlicher Gedankengänge. Gefühlsschulden könnten damit sicherlich bezahlt werden. Aber so einfach ist es wohl nicht.

Sich von einer verlassenen U-Bahn-Station entfernend, eröffnet die Kamera des Filmes **Laufhaus**[*4] dem Zuschauer den Blick in ebenfalls verlassene Räume eines allerdings keineswegs unbelebten Ortes. Die Rede ist von dem größten, als Nachtclub werbenden Bordell Europas: dem Pascha in Köln. Stefanie Gaus, Filmemacherin von **Laufhaus** möchte mit diesem Film nicht die Menschen, wie Prostituierte oder Kunden, zu Wort bzw. Bild kommen lassen. Indes sollen Räume und Raumausstattungen, die in vorwiegend statischen Einstellungen zu sehen

Whiskeyne Night | Kevin Kirchenbauer | 2007 | 4 Min. | 16 mm | CA/D | Sprache: dt

sind, für sich sprechen. Da das Bordell 24 Stunden geöffnet hat, sind die Frauen
während des Drehs nur kurzzeitig abwesend. *„Manche Frauen übernachten bzw.
wohnen in diesen Zimmern, wohingegen andere sie nur für die Arbeit angemie-
tet haben",* so der Kameramann Volker Sattler. *„Ausgesucht haben wir uns die
Räume eigentlich weniger. Wir haben die Frauen gefragt, ob wir ihre Zimmer
filmen dürfen, und dies getan, als sie beispielsweise gerade in der Mittagspause
waren. Wir wollten die Räume nicht von ihnen oder anderen gezeigt bekommen."* Aufgrund der Abwesenheit von Menschen und der Zeit, die die Kamera
jedem einzelnen Raum widmet, können einem darin die noch so skurrilsten Dinge
auffallen. Sattler bemerkt dazu: *„Vergleichbar mit dem Kinoraum, möchte
das Pascha ebenfalls eine Bewusstseinsveränderung beim Kunden erzeugen.
Dieser soll, mithilfe der Verspiegelung der Fenster und des dadurch vermittel-
ten Eindrucks ständiger Nacht, jedes Zeitgefühl verlieren. Die so geschaffene
Illusion wird allerdings durch die im Bild sichtbar werdenden Cleanex-Rollen
oder Ähnliches immer wieder zerstört."* Solche an den Alltag erinnernden Details
lassen ein Spannungsfeld zwischen dem Raum als Arbeitsplatz und der erwünsch-
ten erotischen Illusion entstehen. Diese wiederum gestaltet sich im Pascha als
vielfältig. Vergleichbar mit einer Art Themenpark gibt es das Zimmer à la Holz-
hütte, das Kuschelzimmer mit Plüschherz und Gummibärenlampe oder das an
ein Schlafgemach eines Königs erinnernde Zimmer. An den Wänden finden sich
aufwendige Wandmalereien, selbst gemalte Sterne und Monde oder Latex-Kos-
tüme und andere Spielzeuge. Welche Rolle nimmt die Frau an diesem Ort ein bzw.
lässt sich diese überhaupt klar definieren? Und wenn: Ist ihre Rolle ausschließlich
auf männliche Phantasien zugeschnitten? All diese Fragen müssen als rhetorisch
bezeichnet werden und fordern weitere Fragen bzw. komplexere Antworten. Fakto-
ren, die dabei von Bedeutung sein können, sind die der Ökonomik eines solchen
Betriebes und der in erster Linie nicht als wirtschaftlich zu bezeichnende Umgang
mit Phantasien, Erwartungen und deren Erfüllungen. Die beiden Pole bieten sich
in einem Bordell wie dem Pascha nicht die Stirn, sondern bedingen sich gegen-
seitig. Vereinfacht weist die Gestaltung eines Raumes auf die Individualität seiner
Besitzerin ebenso wie auf die darin zum Ausdruck kommenden männlichen und

weiblichen Phantasien hin. Die spätestens in der Gesamtheit der verschiedenen und doch ähnlichen Räume hervortretende ökonomische Struktur ist dabei jedoch nicht zu vernachlässigen. Der Film von Gaus spielt mit diesen Gegebenheiten, indem er die Eindeutigkeit des Sichtbaren manifestiert, die sich im Kontext der Rezeption allerdings als vieldeutig und mehrseitig erweist.

Thematisch lehnt sich der Film **Wilder Westen**[*5] an den vorherigen an. **Laufhaus** widmet sich jedoch der legalen Situation dieses Milieus, wohingegen sich **Wilder Westen** mit dem strafbaren Mädchen- und Frauenhandel auseinandersetzt. Die sich mit dem Pseudonym „diekönigin" deckenden Filmemacherinnen Claudia Dworschak und Marion Geyer-Grois messen der Tonebene ihres Filmes eine entscheidende Bedeutung bei. In der Wiener Stadtzeitung Falter wurden im Jahre 2005 Abhörprotokolle der Polizei veröffentlicht, welche Telefongespräche zwischen Mädchenhändlern in Wien, litauischen Zulieferern und österreichischen Kunden wiedergeben. Die Tonebene des Films macht eine Auswahl genau dieser grausamen Dialoge hörbar. „*Der Falter-Artikel war anders als viele andere Berichterstattungen, weil er die Protokolle ohne Kommentar oder Interpretation wiedergab. Uns ist sofort klar geworden, dass wir uns nicht über diese nackten Tatsachen unterhalten oder Worte dafür finden konnten. So ist die Tonebene entstanden und wir wussten lange nicht, woraus sich die Bildebene des Films zusammensetzen soll*", so Geyer-Grois. Die Filmaufnahme beginnt mit der Nahaufnahme eines Telefons, von welchem sich die Kamera langsam entfernt und so Betten eines Hotelzimmers sichtbar werden. Diese Kulisse erinnere, so Dworschak, an einen Skandal prominenter Österreicher, welche sich Mädchen in Hotelzimmer bestellt haben. Darüber hinaus könnte man hier auch vom Kino im Kopf sprechen, werden die Zuschauer/innen doch dazu gedrängt, die dargestellten leeren Räume auf der Bildebene mit dem Inhalt der Tonebene aufzufüllen. Die scheinbare Gegenläufigkeit beider Ebenen (Bild/Ton) führt so zu einer Bedeutungsverschiebung, die uns dann das Alltägliche des Hotels mit anderen Augen sehen lässt. Nicht das Agieren der Händler und Freier ist skandalös, sondern dass sich alles inmitten der Gesellschaft abspielt (und nicht selten mit prominenten Protagonisten). An den Anfang und ans Ende des Filmes stellen die Autorinnen die Found Footage-

Aufnahme eines Saloon-Girls, welches auf einer Bühne tanzt. Man wird insbesondere auf das Lächeln des Mädchens aufmerksam, das aufgrund der Zeitlupe
eigenartig und fast gestellt bzw. tragisch wirkt. Dworschak bemerkt dazu: *„Wir
wollten mit dem Vergleich von Saloon-Girls mit den importierten Mädchen
spielen. In Western-Filmen besetzt das Saloon-Girl immer eine Nebenrolle. Es
hat keine Vergangenheit und keine Zukunft und seine Gegenwart ist davon
geprägt, fröhlich zu sein oder als Dekoration zu dienen."* An diesem Vergleich
könnte man insofern Kritik üben, als dass **Wilder Westen** die Mädchen, analog
zu Western- Filmen, nicht etwa in Interviews zu Wort kommen lässt. Aber gerade
diese Unterdrückung ihrer Stimmen bringt die unmenschliche Haltung der Händler
zum Ausdruck, die den Frauen und Mädchen einen goldenen Westen versprechen,
diese aber gleichzeitig ihrer Pässe, ihrer Identität und schließlich auch ihrer Men-
schenrechte berauben. Während sich die Frauen noch in Sicherheit wiegen und
voller Hoffnung auf ein besseres Leben sind, wird ihr Schicksal bereits telefonisch
und auf radikal-nüchterne Weise besiegelt.

Der Film von Jill Teichgräber und Semra Henin trägt den Titel **Leiser**.*6 In erster
Linie werden sich wohl die meisten Zuschauer/innen die Frage stellen, um welche
Art von Untergrund bzw. Ort es sich in diesem Film handelt. *„Das ist ein stillge-
legter Isotopenkeller von einer ehemaligen Technischen Fachhochschule. Dort
wurden alle möglichen technischen Experimente gemacht und unter anderem
auch mit radioaktiven Stoffen gearbeitet"*, so Teichgräber. Die Motivation für den
8-minütigen Film entstand jedoch nicht in der Auseinandersetzung mit den dort
stattgefundenen Experimenten, sondern ist in der Faszination gegenüber dem
Gebäude selbst zu suchen. Teichgräber: *„Uns interessierte dieser dunkle, verlassene Raum. Darüber hinaus gab es dort auch keinen Strom."* Zur Konzeption
des Filmes äußert Henin, dass sich alles nach und nach ergeben hat. Beide sind
eine Woche lang von Raum zu Raum gegangen und haben gefilmt. In **Leiser** sind
sowohl Henin als auch Teichgräber zu sehen. Man könnte von einer Art Tages-
ablauf oder, abstrakter gefasst, Alltag sprechen, welcher sich dem Zuschauer
präsentiert. Eine Frau erwacht, steht auf, kocht, telefoniert. Sie weiß nicht, was sie
anziehen, wie sie sich verwandeln soll. Bevor sie tanzt und Musik macht, uriniert

sie an ein Treppengeländer. Sie sonnt sich auf einer Luftmatratze. Wohlgemerkt, in einem Keller bei einer Wassertiefe von 10 cm! Unter anderem schiebt sie auch eine monströse Stahlkonstruktion hin und her und muss dabei physische Kraft aufwenden. Sie versucht, immer schneller zu werden. Dann gießt sie die Blumen, die am einzigen Fenster stehen, und geht wieder schlafen. Das Dunkel der Räume in dem Film wird immer wieder durch das Licht und die Farben, beispielsweise der Kleidung der Frau, erhellt und gefärbt. In einzelnen Szenen entsteht der Eindruck einer bunten Traumwelt, die, so scheint es, mithilfe metallisch und hart klingender Töne immer wieder mit der Realität konfrontiert wird. In der Traumwelt oder der eigenen Imagination können Unmöglichkeiten oder Dinge ohne erkennbares Ziel auftauchen. In **Leiser** scheint auch der tatsächliche Alltag wie traumhaft und ohne erkennbares Ziel abzulaufen. Die einzelnen Handlungen sind oft ihrer Logik oder Zweckmäßigkeit enthoben, wie das wiederholte Hin- und Herschieben der Stahlkonstruktion. Eine solche Deutung würde den Griechen Sisyphos in den Blick rücken, der in der von Homer geschaffenen Unterwelt einen Felsen auf einen Berg wälzen soll und ihm dieser kurz vor seinem Ziel aus seinen Händen gleitet und er von Neuem damit beginnen muss. Seine Aufgabe nimmt kein Ende. **Leiser** hat als abgeschlossener Film zwar ein sichtbares Ende (im Gegensatz zur Tätigkeit von Sisyphos) und ist nicht als Loop angelegt. Dennoch ist die Filmhandlung so dargestellt, dass man den Eindruck von immer währenden Abläufen hat, die auch nach dem Film andauern. Sowohl die Frau, ihre unter anderem in physischen Handlungen sich ausdrückenden Wünsche und Gedanken als auch die jeweiligen Untergründe bleiben in den Gedanken der Zuschauer/innen weiterhin existent. Und selbst, wenn sie aus diesen verschwinden, scheinen sie in einem Irgendwo einer nicht enden wollenden Wiederholung zu unterliegen.

[1] Simone de Beauvoir (1968 [1949]): Das andere Geschlecht. Sitte und Sexus der Frau. Reinbek: Rowohlt, S. 265. /// [2] **Jedes Zimmer hinter einer Tür,** Petra Lottje, D 2006, 18 Min., miniDV, Sprache: dt. /// [3] **Whiskeyne Nacht**, Kevin Kirchenbauer, CA/D 2007, 4 Min., 16 mm, Sprache: dt. /// [4] **Laufhaus**, Stefanie Gaus, D 2006, 29 Min., miniDV, ohne Sprache. /// [5] **Wilder Westen** diekönigin, A 2006, 5 Min., miniDV, Sprache: dt. /// [6] **Leiser** Jill Teichgräber / Semra Henin, D 2007, 8 Min., ohne Sprache.

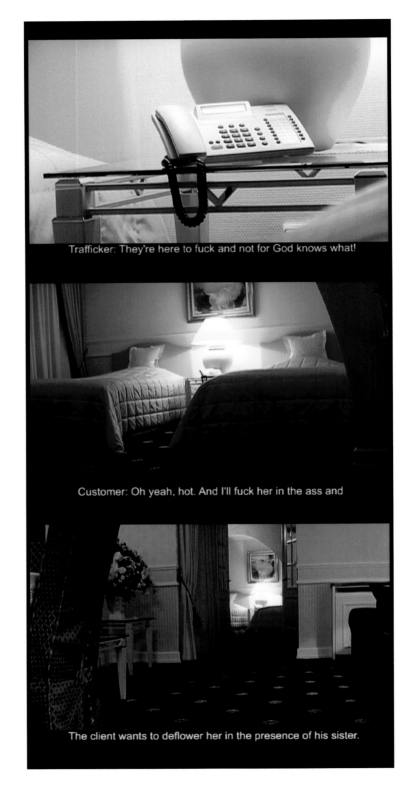

Trafficker: They're here to fuck and not for God knows what!

Customer: Oh yeah, hot. And I'll fuck her in the ass and

The client wants to deflower her in the presence of his sister.

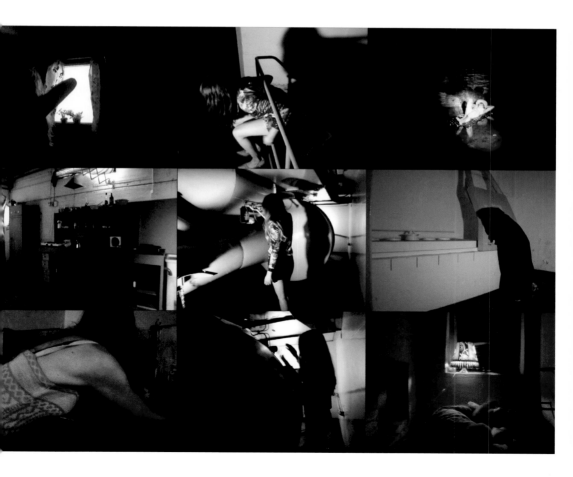

Leiser | Jill Teichgräber / Semra Henin | 2007 | 8 Min. | miniDV | D | keine Sprache

Promised Land
ein Film von Tanya Ury

Florian Krautkrämer und Tanya Ury im Gespräch während des 1. AnaDoma Festivals in Braunschweig vom 25.–27.1.2008. Das Gespräch fand nach der Aufführung von Tanya Ury's Film **Promised Land** statt. Die Künstlerin ist 1951 in London geboren und lebt seit 1993 in Köln. Ein Teil ihrer Familie ist aus Nazideutschland geflohen, wo sie wegen ihrer jüdischen Herkunft verfolgt wurde. In ihrer Kunst beschäftigt sich Tanya Ury u.a. mit ihrer jüdisch-deutschen Identität und mit der Geschichte des Holocaust. Sie arbeitet häufig mit ihrem eigenen Körper, mit dem sie performativ (Wieder-)Aneignungsstrategien von Geschichte auslotet. In **Promised Land** setzt sie sich kritisch mit der Geschichte Israels auseinander, besonders mit der Frage nach Vertreibung und Rückkehr. Sie erzählt die Geschichte aus zwei Perspektiven in zwei Generationen, aus dem gegenwärtigen und dem biblischen Blickwinkel.

Die Bilder, die man im Video sieht, sind zum Teil Fotos, die Du auch schon ausgestellt hast. Du hast aber die Texte, die handschriftlich zu sehen sind, auch so konzipiert und geschrieben, dass Du sie in der Ausstellung für das Publikum zum Lesen gezeigt hättest?

Ja, aber eigentlich gab es damit nie eine Ausstellung. Ich wurde von Shaheen Merali 2005 eingeladen, eine Arbeit zum Israel-Film-Festival im Haus der Kulturen der Welt zu machen. Meine erste Reaktion darauf war: Warum, ich bin keine Israeli. Dann dachte ich, diese Herausforderung wäre sehr interessant für mich, weil ich mich bis jetzt nur mit der Diaspora beschäftigt habe.

Es war ursprünglich eine Ausstellung geplant, doch am Ende wurden moving images gezeigt. Ich habe also aus meinen Ideen, Fotos und Geschichten am Ende ein Video gemacht, aber es gibt die Möglichkeit, immer eine Ausstellung daraus zu machen.

Wir reden später noch über das Konzept, diese Texte im Film zu zeigen. Vorher möchte ich über die Perspektiven reden, die im Video erzählt werden. Das sind vier verschiedene Perspektiven, die nacheinander, jeweils in der Ich-Form zur Sprache kommen. Die Zuschauer/innen müssen diese Geschichten zusammendenken, denn sie werden nicht noch mal aufgegriffen. Erzähl uns doch kurz, um welche Perspektiven es sich handelt.

Es sind vier Kurzgeschichten: Die erste ist aus meiner Sicht erzählt, die zweite aus der Sicht meiner Mutter, die nicht mehr lebt. Ihre Sichtweise habe ich mir vorgestellt. Die dritte Geschichte handelt von Bezalel Ben-Uri und geht zurück in biblische Zeiten. Bezalel Ben-Uri ist heute als der erste Künstler vom jüdischen Volk anerkannt. Die vierte Geschichte ist aus dem Mund seines Vaters. Ich habe mich dabei auf biblische Geschichten bezogen, aber darin auch sehr viel erfunden.

Es wird also jeweils aus der Perspektive von zwei Generationen erzählt. Es fängt an mit Dir, geht dann zu Deiner Mutter und auf der zweiten Ebene hört man erst die Geschichte des Sohnes und dann den Vater. Zwei Frauen, zwei Männer und jeweils die Kinder-Eltern-Perspektive. Ich habe Schwierig- keiten gehabt, die Perspektive, die Du aus Sicht Deiner Mutter erzählst, nachzuvollziehen. Es wird darin sehr viel zwischen England und Israel gewechselt. Deine eigene Perspektive ist klarer, auch weil Du erst mal eine Einführung in die politischen Gegebenheiten vermittelst und man dazu noch Zeitungsartikel über Israel/Palästina sieht. Mich würde interessieren, nochmal kurz die Geschichte von Deiner Mutter zu hören.

Ja. Meine Mutter war etwa 18 Jahre alt, als 1948 der Unabhängigkeitskrieg in Israel geführt wurde, damals noch Palästina. Sie kam mit ihren Eltern aus Nazideutsch- land. Nicht alle aus meiner Familie konnten entkommen, aber sie haben es ge- schafft. Meine Mutter ist dann in England zweisprachig aufgewachsen. Sie konnte ein perfektes Deutsch, besser als ich. Sie kam mit sechs Jahren nach England und hat ihre Schulzeit dort verbracht. Ihre Mittlere-Reife-Prüfung musste sie während eines Bombenanschlags in London machen. Sie ist unter den Tisch gekrochen, um ihre Trigonometrie weiterzumachen, was bestimmt nicht einfach war. 1948 fuhr sie mit ihrer Mutter in den Urlaub nach Israel, denn zwei ihrer Schwestern sind viel früher nach Israel ausgewandert. Ich wollte die Geschichten erzählen, die sie mir erzählt hat.

Ich finde die verschiedenen Geschichten immer an den Punkten besonders interessant, wo sie sich überschneiden. Ich habe ein Bild im Kopf, dass jede Geschichte ein Viertel eines Kreises ist, aber dieser Kreis ist eben nicht rund, sondern diese Viertel sind ineinander verschoben und überschnei- den sich. Vielleicht kannst Du etwas zu den Überschneidungen dieser Viertel erzählen, wenn ich das Bild mal benutzen darf. Zum Beispiel die Generation von früher, die von Bezalel und dem Vater Hur, wie die sich zu der Geschichte von Dir und Deiner Mutter verhalten.

In beiden Epochen geht es um Kriegszeiten. Damals, so steht es in der Bibel geschrieben, gab es den Exodus. Die Juden mussten gehen, um der Sklaverei zu entkommen. Man kann es zum Teil mit dem vergleichen, was in Nazideutschland und Europa passiert ist. Ein weiterer Exodus, dem einige entflohen sind.

Einen anderen Vergleich stelle ich über die Frage nach der Ethik und Moral der Künstler an, was mich in meinen anderen Arbeiten beschäftigt. Deshalb beschäftige ich mich mit Bezalel. In der Bibel steht geschrieben, dass er die Bundeslade gebaut hat. Er ist für die Geschichte wichtig, weil er ausgewählt wurde als eine Art Heiliger, um diese Bundeslade zu machen. Ich erfinde nun die Geschichte, in der er auch das Goldene Kalb gebaut hat, (denn er will sich ausprobieren und bewundert werden). Es ist nur eine Vermutung, aber wenn es so wäre, würde man ihn in Frage stellen.

Gleich zu Beginn erzählst Du, dass Du keine Israeli bist und trotzdem immer nach der Situation in Israel gefragt wirst. Damit machst Du eine Art von Distanz deutlich. Gleichzeitig erzählst du vier Geschichten aus subjektiven Perspektiven, bei denen man vermuten könnte, dass sie jegliche Distanz vermissen lassen. Aber mir ist aufgefallen, dass der Vater im zweiten Part mehr über den Sohn erzählt und dabei mehr Informationen hat und mehr Gefühle äußert, als es Deine Mutter über Dich erzählt. Die erzählt viel mehr über sich als über ihr Kind, also über Dich.

Darüber habe ich nicht nachgedacht. Vielleicht hat es damit zu tun, dass meine Mutter vor zehn Jahren gestorben ist. Es gibt eine Trennung. Wir haben uns zu Lebzeiten nicht sehr gut verstanden. Ich versuchte, mich in sie hineinzuversetzen, aber ihre Geschichte ging vor meiner Geburt zu Ende, deswegen konnte sie in meiner Geschichte nicht über mich erzählen. Ich glaube, sie wäre nicht einverstanden mit meiner Kunst, aber ich weiß es nicht.

Was auch wieder eine Parallele zu der Vater-Sohn-Geschichte gewesen wäre, weil Bezalels Vater seiner Kunst ebenfalls kritisch gegenüberstand.

Benjamin Cölle: Haben Sie in Ihrer Recherche einen konkreten Anhaltspunkt gefunden, dass es die gleiche Person war oder gewesen sein könnte, die sowohl die Bundeslade als auch das Goldene Kalb geschaffen hat?

Nein, ich habe nichts davon gelesen. Es ist meine These. Ich habe Moses und Monotheismus von Freud gelesen. Er erzählt, dass Moses kein Jude war, sondern Ägypter. Damals gab es keinen Monotheismus. Die Juden, ich weiß nicht welche Götter die angebetet haben, aber es waren eine Menge. Was in der Wüste geschehen ist, das hat sich erst zum Monotheismus entwickelt. Das fand ich alles interessant. Ich denke, irgendwie sind diese biblischen Geschichten etwas ganz Offenes und deswegen habe ich mir erlaubt, etwas zu erfinden. Moses als Magier, ein Artikel von Andreas Kilcher, hat mich auch zu dieser Arbeit inspiriert.

Über zwei Sachen würde ich gerne noch reden. Zuerst über die Bilder, im Besonderen über die Granatäpfel und über das Bild, das Dich als Bezalel zeigt, in der einen Hand die Bundeslade und in der anderen das Goldene Kalb. Die Bundeslade ist eigentlich eine Streichholzschachtel, und es gibt noch ein Bild, in dem die Streichhölzer auch angezündet werden.

Der Titel der zweiten Geschichte ist Pomegrenade. Das ist ein Wortspiel zwischen pomegranate und hand grenade. Der Hintergrund auf dem Bild mit Bezalel ist nicht der Rote See. Das ist der Strand von Binz auf der Insel Rügen. Mein Gelobtes Land ist hier in Deutschland. Die Bundeslade ist von einer Abbildung einer englischen Streichholzschachtel. Ich änderte das Design und verdoppelte den Schwan. Das sollte die Bundeslade mit den zwei Engeln repräsentieren. Das Goldene Kalb ist von einer Abbildung eines Kalbs aus dieser Zeit und Gegend von damals. Die habe ich in einem Buch gefunden.

Zuletzt möchte ich noch auf die Texttafeln eingehen. Die sind überwiegend von Hand geschrieben. Am Anfang sieht man einige gedruckte Texte, wobei die gedruckten Texte Zeitungsmeldungen sind. Nachrichten, die gezeigt werden. Die handschriftlichen Texte entsprechen der gesprochenen Geschichte. Sie erscheinen nach oder parallel zu der Erzählung aus dem Off. Auch ein Lied, das gesungen wird, oder Passagen aus der Bibel. Warum hast Du Dich entschieden, das Erzählte teilweise durch die Schrift auf der Leinwand zu doppeln?

Irgendwie ist es sogar mehr als nur verdoppelt, weil ich zwei Versionen gemacht habe, eine englische und eine deutsche. Ich habe alles doppelt geschrieben und gesprochen. Das Konzept hat etwas mit dem Bilderverbot und den zehn Tafeln von Moses zu tun. Man sieht die Geschichte als Handschrift und ist daran erinnert, dass Geschichte zuerst Oral history war, die von Mund zu Mund weitergegeben wurde. Erst später wurde das aufgeschrieben. Das wollte ich wiederholen und daran erinnern, wie Geschichte entstanden ist.

International News

Palestinians accuse Sharon over go-ahead for 8,500 homes linking settlements with capital

Israel 'is sealing off Jerusalem Arabs'

Ich wurde zu einer Zeit geboren, als mein Volk noch in der ägyptischen Sklaverei lebte.

ist nun Deutschland mein Gelobtes Land

Installationen in der Galerie 21

Anne Mueller von der Haegen

„Wie viele von euch können wir noch ertragen?"
– Schriftzug auf einem rahmenlosen Bildträger, Kommentar zu Selbstanpreisung und Anforderungsprofil der Kontaktanzeigen einer ganz gewöhnlichen Tageszeitung. Es ist der lakonische Beitrag von Andrea Bellu (Frankfurt) zur Ausstellung AnaDoma, die parallel zum Festival in der Galerie 21 vor allem Installationen zeigte.

Zugleich kann diese Textzeile als Subtext zur Ausstellung gelesen werden. Befassen sich doch die Beiträge mit der Frage *„Wie stehen wir in der Welt?"* hinsichtlich schwieriger Arbeitssituationen (Klausberger / Krause / Stracke ebenso Gruzei), hinsichtlich geschichtlicher Verortung (Selke), hinsichtlich prekären Lebens (Wolkowicz) und hinsichtlich der Staatsmacht (Fritsch).

Kathrin Maria Wolkowicz (Rotterdam) drehte die Bilder zu **aha zwei katzen alle beide grau** (2007) in Polen. Dort fand sie die disparaten, poetischen Gegenden des Seins – leere Plätze, Brachen, Verwahrlosungen, Bilder, die sie parallelisiert mit einem surrealen Text zu einer traumwandlerischen Erzählung vom Leben, vom Essen der Gemeinschaftskatze, von der Maniküre der Nachbarin. Der abgedunkelte Flur in der Galerie zwischen Büro und Garage schaffte den intimen und doch eigentümlich unbestimmt fremden Ort, der dieser Arbeit über die innere Frage des In-der-Welt-Seins entsprach.

Ganz anders in der Welt sind die Protagonisten bei Katharina Gruzei (Berlin/ Linz). Ihre dokumentarische Video-Arbeit **L.A. Work Shift – Intersection of Lives and Highways** (2007) verlangt demzufolge eine grundsätzlich andere Präsentation. Auf sechs Bildschirmen wechseln sich rhythmisch die Bilder von sechs Videotapes ab. Diese äußerlich ablesbare Zerrissenheit der Form, die sich eben nicht als Parallelmontage, sondern de facto einzelne Stränge wiedergibt, spiegelt auf der inhaltlichen Ebene das Leben der Menschen. Gruzei setzt sich mit Arbeitswelten in der Stadt Los Angeles auseinander, speziell mit denen des so genannten Mittelstands, der seinen Lebensstandard im „Amerikanischen Traum"

nur noch unter schwierigen Bedingungen aufrechterhalten kann. Mehrere Jobs sind dafür notwendig. Um diese Jobs zu erfüllen, sind die Menschen zur Mobilität gezwungen. Da in L.A. das öffentliche Verkehrsnetz abgebaut wurde, kämpfen sie sich oft stundenlang durch das Verkehrschaos der Highways, verbringen dort oft mehr Zeit als bei den Jobs, was wiederum den Zwang zur Mehrarbeit steigert. Gruzei zeigt den Zusammenhang zwischen einer solchen Stadtentwicklung, der wiederum ökonomische Interessen zugrunde liegen, und dem Sog zur Zersplitterung des Lebens durch immer mehr, immer prekärere Arbeit.

Aus der Performance **ProjektZeit – Versuch über die Arbeit** (2007) von Bernadette Klausberger, Jana Krause, Hannah Stracke (Berlin) ist eine Installation mit zwei vierzigminütigen Video-Loops entstanden.

Auch hier sind Form und Inhalt kongruent: Ein aus Fachliteratur, Gesprächen, Mails und Zeitungsberichten generierter Text zum Thema (Projekt-)Arbeit wurde einer Schauspielerin und einem Schauspieler souffliert. Die Ausgangsthese des Textes, dass diese Arbeit nicht existiere, trifft auf die Arbeit der beiden Akteure, die versuchen, das Gehörte simultan nachzusprechen. Die während dieser Arbeit gefilmten Gesichter des Mannes und der Frau sind auf zwei sich gegenüberliegenden Screens leicht überlebensgroß projiziert. Idealerweise dazwischen befinden sich die Zuhörer/innen und Zuschauer/innen, die mittels Beobachtung sowie Raum- und Kopfhörerklang beteiligt werden, so selbst gesellschaftliche Normierung und persönliche Aneignung der Positionen über Arbeit erfahren können.

Eine weniger kritische Position zum Thema Arbeit bezieht Benjamin Cölle (Berlin), mit dessen als Loop geschnittener Dokumentation die Ausstellung nach Festivaleröffnung angereichert wurde. **Building Festival** (2007) greift auf spielerische Weise das Thema Arbeit – hier selbst organisierte – auf. Kamera, Schnitt und Ton folgen in ihrem Rhythmus den Handreichungen einer durch Festivalteilnehmer entstehenden Architektur, zeigen Arbeit und Interaktionen.

Zugleich reflektiert dieser Beitrag, insbesondere als Er-
öffnungsbeitrag, auch die Arbeit der Festivalmacher/innen
von AnaDoma selbst, die die innere und äußere „Architektur" in Programm und Organisation errichtet haben.

Mit der Rezeption von Denkmälern der Macht und der
gegenwärtigen Verortung in der Geschichte jedoch befasst
sich die Arbeit **Lion** (2003, lamda print 125 x 125 cm,
Fotografie von Matthias Langer) von Iris Selke (Braunschweig), die auf der Performance „Statuen klettern"
basiert. Das Denkmal zur Gründung der Stadt Rom, die rö-
mische Wölfin, die die Zwillinge Romulus und Remus säugt,
galt bis vor kurzem als antikes Vorbild für die mittelalterliche Skulptur des Braunschweiger Löwen, mit dem Heinrich der Löwe seine Macht auf dem Braunschweiger
Burgplatz demonstrativ in den entsprechenden historischen Kontext stellte.

Iris Selke verbindet in **Lion** beide Gründungsmythen, reflektiert zugleich die
komplizierte Verortung in der Geschichte angesichts neuer Forschungen und
tradierter Romantizismen. Durch die Umkehrung des Geschlechterverhältnisses
gegenüber der römischen Lupa und durch den Materialkontrast – Bronze/Haut –
ergeben sich zusätzliche Assoziationsfelder in die Gegenwart der Machtverteilung.

Auch **Wildwechsel** (2007) von Matthias Fritsch (Karlsruhe) betrifft das In-der-
Welt-Sein des zoon politicon. Aus den „Bildern" Rehe, Ameisenstraße und Zugvögel
bildet er ein Triptychon von Videographien (Loop) und weckt mit den Titeln Assoziationen an freundliche Tier- und Landschaftsfotografie. Zu sehen sind allerdings
aus gängigen Medien bekannte Polizeibilder des G8-Gipfels 2007 in Heiligendamm.
Die Dekontextualisierung dieser Bilder, Titel, Bildkulisse und die ikonographisch
klar konnotierte Form ironisieren die normale Präsentation der Staatsmacht ebenso wie deren Rezeption.

„Wie viele von euch können wir noch ertragen?"

Milena Büsch und Helena Schlichting (Frankfurt) saßen an einem Abend auf der
Parkbank vor der Galerie 21 und begannen zu lachen (**alternative boredom**).
Der in den Innenraum übertragene Ton irritierte die Anwesenden in zunehmendem
Maße, bis sie sich mit den Blicken nach draußen wandten und zwei Frauen sahen,
die mit Lachen nicht mehr aufhören konnten. – *„Wie viele von euch können wir
noch ertragen?"*

PERFORMANCES UND AUSSTELLUNG

Flirting with Tehran
Martyna Starosta/Melanie Schlachter
2007 | 37 Min. | D/IR | Audioperformance
Im Sommer 2007 verbrachten wir drei Wochen in Teheran. Im Iran gibt es keine öffentlichen Treffpunkte wie Clubs, Kneipen oder Cafés. Wenn sich auf der Straße eine kleine Gruppe sammelt, erregt dies bereits die Aufmerksamkeit der Polizei. Wie kann man sich unter solchen Bedingungen kennenlernen? Unsere Freunde erzählten uns vom Flirten im Straßenverkehr.

alternative boredom
Milena Büsch/Helena Schlichting
2007 | 30 Min. | D | Performance
Happiness is in the surface and in the surface lies boredom of unexpected depths.

Pirol mit Band
Pirol macht Musik untereinander. Jeder kann was dafür, und deshalb stellen wir mit unserem gesammelten Einsatz unsere zerbrechlichen chansonesquen in den Raum, egal ob auf der Bühne, auf der Wiese oder im Wohnzimmer, und sogar administrative Orte können mit Pirol leuchten. Pirol singt kräftig und behutsam mit Klarinette, Orgel, Gitarre, Akkordeon und Schlagzeug, weht drumherum und hinein, scheint die ganze Zeit hier anzukommen und verschwinden wieder.

Bah VS Liii Superviced - Live on Canvas
Christine Schwörkhuber / Florian Fennes / Veronika Mayer
40 Min. | A | Performance
Schlingernde Schlaufen, Illusion des Unidentifizierbaren, Schleifen und Loops in Schleifen und Loops, audiovisuell verknotet und rückgekoppelt. Eine experimentelle Live-Performance aus dem Off. Bah vs. Liii superviced gehen an die Grenzen der Schizophonie und spielen in der Küche, am Klo oder im Hinterkammerl. Eben überall, nur nicht auf der Bühne. Eine ästhetische Reminiszenz an die experimentelle Zeit des Musikfernsehens lässt sich dabei nicht verleugnen.

ProjektZeit - Versuch über die Arbeit

Bernadette Klausberger/Jana Krause/Hannah Stracke

2007 | 40 Min. Loop | D | Installation

ProjektZeit – Versuch über die Arbeit ist eine experimentelle For-
schungsarbeit zum Thema Arbeit und spezieller zum Feld der
Projektarbeit. Aus Fachliteratur, Gesprächen, Mails und Zeitungsberichten zum Thema (Projekt-)Arbeit wurde ein Text generiert, der
in einem nächsten Arbeitsschritt 2 Schauspielern per Kopfhörer
souffliert wurde. Ausgangspunkt ist die These, dass die Arbeit nicht
existiert.

L.A. Work Shift - Intersection of Lives and Highways

Katharina Gruzei

2007 | USA/A | Installation

Im Vergleich zu anderen Städten hat Los Angeles kein funktio-
nierendes öffentliches Verkehrsnetz, da dieses von ökonomischen
Interessensträgern abgebaut wurde und auf die finanziell erfolgs-
versprechenden Highways umgeleitet wurde. Im Zuge des Projekts
wurden Charaktere porträtiert die mehr als einen Job haben und sich
oft stundenlang durch das Verkehrschaos der Highways kämpfen
müssen um zum jeweiligen Arbeitsplatz zu kommen.

aha zwei katzen alle beide grau

Kathrin Maria Wolkowicz

2007 | 6 Min. | D | Video

Ich gehe durch einen silbernen Wald. Blank polierte Pilze umher, und
es regnet, leise. Den Kopf nicht stark, aber entschieden zur Abwehr
zum Schutz meiner deiner Person in die Höhe gehalten in Kopfhöhe
Kopfschuss. Die Haut schmatzt und mir kommt die ganze Geschichte
komisch vor. Verärgert schwitze ich auch.

Wildwechsel

Matthias Fritsch

2007 | D | Triptichon aus 3 Videographien

In seiner Gruppe von Videografien unter dem Titel Wildwechsel zeigt
uns Matthias Fritsch aus den Medien, insbesondere der Tagespresse,
bekannte Polizeibilder vom G8 Gipfel 2007 in Heiligendamm. Außer-
gewöhnlich ist dabei besonders die ironische Dekontextualisierung
dieser Bilder, die Assoziationen mit Landschafts- und Tierfotografie
weckt. Titel wie „Rehe", „Ameisenstrasse" oder „Zugvögel", aber
auch die Bildkulisse, welche nicht den gewohnten urbanen Raum
zeigt, in dem sich die Staatsmacht normalerweise präsentiert, lassen
den Betrachter schmunzeln.

Lion

Iris Selke

2003 | Fotografie Matthias Langer | lamda print | 125 x 125 cm

FESTIVALS REVISED

Michael Brynntrup

Viele Anekdoten und sonderbare Begebenheiten ließen sich erzählen. Von eigenartigen Events und außergewöhnlichen Festival-Konzepten könnte ich berichten, die tops und flops listen. 25 Jahre regelmäßiger Festivalbesuche und Erfahrungen mit mehr als 900 Vorführungen und circa 20 Retrospektiven meiner Arbeit auf über 200 FilmVideo- und MediaArt-Festivals weltweit lassen sich nicht einfach mit ein paar Sätzen zusammenfassen. Trotzdem möchte ich hier den Versuch wagen, eine Art Quintessenz zu ziehen oder zumindest die Sätze zu formulieren, die für mich in all den Jahren immer gültig waren.

Call for Entries. Als Künstler – auch wenn man sich in jungen Jahren selbst noch nicht so begreift – als junger Kreativer möchte man hinaus in die Welt und seine Weltsicht mitteilen – das ist Impuls. Den Künstler drängt es in die Öffentlichkeit. Der erste Schritt in die Öffentlichkeit geht aber meist auf bereits vorgezeichneten Wegen: für die FilmVideo-Kunst sind das bekanntermaßen die Festivals. Das ist die Situation, mit der junge Künstler/Kreative auch heutzutage umgehen müssen. Und so erging es auch mir vor 25 Jahren.

Noch bevor ich meinen ersten Film, einen Langfilm auf Super 8, fertiggestellt hatte, fragte ich mich also schon, wo werde ich diesen Film zeigen!? Zu diesem Zeitpunkt (1981/82) war ich – und nicht nur ich – mit dem Problem konfrontiert, dass das Format Super 8 auf den existierenden Festivals allerdings nicht als vollwertiger oder auch nur beachtenswerter ‚Film' akzeptiert wurde. So haben wir Berliner Super 8-Filmer kurzerhand unser eigenes Festival organisiert: das Super 8- und Performance-Festival ‚Interfilm', was es – mit einem veränderten Profil – auch heute noch gibt.

In der ersten Hälfte der 80er Jahre sind unzählige Festivals in Eigeninitiative von jungen Künstlern und Kreativen entstanden (z.B. das Hamburger NoBudget-Festival, heute das ‚Internationale Kurzfilm Festival Hamburg', oder der e-film-workshop Osnabrück, heute das ‚European Media Art Festival'). Schnell haben sich diese

Festivals untereinander und mit ähnlichen Initiativen im
Ausland (z.B. in den USA, GB, Belgien, Frankreich) vernetzt.
Das alles war natürlich nicht Selbstzweck: es gab nicht nur
diese neuen Festivals, sondern es gab eben – und vor al-
lem – diese neuen Filme, die zuvor keinen entsprechenden
Abspielort zur Verfügung hatten.

Im Laufe der Jahre konnte ich analoge Entwicklungen
auch in anderen ‚Nischen' der Filmkunst beobachten:
nicht nur die Super 8-Filmer und die Autodidakten der
LowBudget-Scene mussten sich ihre Öffentlichkeit und ihre
Festivals selbst erkämpfen, auch die FrauenFilmFestivals
und die Gay & Lesbian-Festivals (Anfang der 80er/90er
Jahre) oder zu Beginn des neuen Jahrtausends auch die
Online-Festivals für Webfilme im Internet haben eine solche
vergleichbare Genealogie.

Immer wenn inhaltlich und/oder formal Grenzen über-
schritten oder neue Perspektiven entwickelt werden, sind
es die Kreativen dieser Tendenzen, die auch die Initiativen
zu deren öffentlicher Verbreitung starten. Immer sind es
anfangs die MacherInnen der scheinbaren Nischenprodukte,
die den Anstoss zu einer größeren, schließlich auch gesellschaftlich relevanten Öffentlichkeit erkämpfen.

Und so gelten für mich – aber allgemein formuliert – die Sätze, die mir im Übrigen wie
eine Selbstverständlichkeit erscheinen: erstens – FilmVideo-KünstlerInnen müssen schon
bei der künstlerischen Produktion die möglichen Distributionswege mitreflektieren, und
zweitens – sofern Neues bewegt oder Neues bewegt werden will –: FilmVideo-KünstlerInnen
müssen sogar bereit sein, die Öffentlichkeit selbst herzustellen, und z.B. Festivals auch
selbst mitorganisieren.

Don't call us, – we call you. Anschließend gleich noch zwei Sätze, die vice versa – an
die Adresse der Festivals gerichtet sind und die ich mir – zugegebenerweise – nicht ver-
kneifen kann. Zunächst: FilmVideo-Festivals sind ohne FilmVideo nicht denkbar; – Film-
Videos sind substantieller Grund und eigentliche Existenzberechtigung für Festivals. Und

weiter: Hinter jedem FilmVideo verbirgt bzw. zeigt sich ein Mensch; – jedes FilmVideo ist eine persönliche Äußerung, manchmal als fremdbestimmter Auftrag, meist aber aus eigenem Impuls und in eigenem Interesse. Die Präsentation bzw. der Umgang mit einem solchen FilmVideo gebietet deshalb höchst respektvolle, geradezu menschliche Umgangsformen.

Aus diesen Sätzen/Erkenntnissen leiten sich viele praktische Konsequenzen und Forderungen nach einer engagierten, ‚humanen' Festivalkultur ab: im Wesentlichen bedeutet das für die Festivals – erstens – eine gesteigerte Bereitschaft zum Dialog mit den FilmemacherInnen (so sollten z.B. individuelle Mitteilungen bei Ablehnungen einer Filmeinreichung zum ‚guten Ton' gehören und die Übernahme der Reisekosten für die eingeladenen Filme/MacherInnen sollte eine Selbstverständlichkeit sein) und – zweitens – eine praktische Kontinuität im Verhältnis zu den FilmVideoKünstlerInnen (so sind z.B. deren Werke nicht als momenthafter Programmplatz bei der saisonalen Festivalernte zu behandeln, sondern wertzuschätzen als aktuelle Äußerung einer autonomen, künstlerischen und persönlichen Entwicklung).

Dialogbereitschaft und personelle Kontinuität lassen sich heute – angesichts der steigenden Zahl an FilmVideo-Produktionen und angesichts der digitalen Herausforderungen – von großen Festivals kaum noch realisieren. Darum sind die Stimmen nach veränderten Festivalformen unüberhörbar geworden. Wie aber sehen die möglichen Perspektiven in der sich wandelnden Film- und Festivallandschaft aus?

Deadline coming. Das Festival als kommerzieller Marktplatz hat ausgedient (einen Film zu ‚verkaufen' war im Übrigen auch noch nie der ausschlaggebende Grund für FilmVideomacherInnen, an einem Festival teilzunehmen). Die Festivals sind selbst Teil der Auswertung eines FilmVideos, und – auch wenn meist keine Leihmieten an die FilmemacherInnen gezahlt werden – für viele FilmVideos bedeutet das Tingeln über die Festivals auch schon das Ende der möglichen Auswertungskette. FilmVideo ist keine Ware, die in der Mehrwertökonomie (aus-) tauschbar wäre.

Ein Publikum gehört zu einem Festival so selbstver-
ständlich wie ein Kinosaal, – der Begriff ‚Publikumsfestival'
allerdings klingt inzwischen obszön: der Versuch mancher
Festivals, die Besucherzahlen von Jahr zu Jahr und um
jeden Preis zu steigern, entlarvte sich sehr bald als allzu
‚markt'-schreierisch und führte zurück in die Vorgeschichte
des Kinos als Jahrmarktsattraktion.

Festivals stellen Öffentlichkeit her – dies ist und war
schon immer das eigentliche ‚Geschäft' der ganzen Ver-
anstaltung. Ob Festivals sich als „temporäres Museum für
zeitgenössische Filmkunst" definieren (wie das bei den
Kurzfilmtagen Oberhausen 2008 diskutiert wurde) oder
– ganz klassisch – als ein Forum der Vermittlung und der
Multiplikatoren: für die Zukunft der Festivals ist die Frage
nach der Zielgruppe entscheidend bzw. ob es den Festivals gelingt, eine je eigene, qualifizierte Öffentlichkeit zu
generieren.

FilmVideomacherInnen wünschen sich vor allem zweierlei
von einem Festival: einen sinnvollen und sinnstiftenden
Präsentationrahmen ihrer thematischen Anliegen und
einen Ort der kollektiven und lebendigen Wahrnehmung
und dabei vor allem den Austausch mit dem Publikum und Filmemacherkollegen sowie
Anregungen, Ideen und vielleicht sogar Kontakte für die eigene zukünftige Arbeit. Ein
Festival, das sich an diesen Wünschen der FilmVideomacherInnen orientieren möchte,
wird sich sinnvollerweise thematisch konzentrieren und sehr bewusst auch in der Größe
beschränken wollen.

Deadline extended. FilmVideo muss wieder deutlicher als ein persönliches (Er-)
Zeugnis gesehen und entsprechend präsentiert werden. Der Mensch steht im Mittelpunkt, nicht der Film; die Person der FilmVideoMacherIn mit ihrer höchst subjektiven
Weltsicht muss in den Fokus des Festivals rücken. Wenn Festivals sich dazu eindeutig
bekennen und entsprechend handeln, werden sie auch in Zukunft die kulturelle Bedeutung haben, die sie beanspruchen und die von ihnen auch verlangt werden darf.

V.l.o.n.r.u. Ein **Name** für das Festival wird gesucht (Juni 2007) | Die ersten **Anmeldungen** treffen ein (Oktober 2007) | Erste Programmierungen werden geplant (November / Dezember 2007) | Vor der **Sichtung** / Nach der Sichtung (November / Dezember 2007) | Die druckfrischen **Plakate** sind da (Dezember 2007) | Redaktionssitzungen zum **Programmbooklet** (Januar 2008) | Letzte Planungen zur **Organisation** und Durchführung (22. Januar 2008) | **Technik-Check** vor dem Aufbau im Festivalkino (23. Januar 2008)

FILME VOM FESTIVALTEAM

Das Festivalteam

V.l.n.r.: Tom Schön, Andrea Bellu, Adrian Schedler, Estelle Belz, Jalaludin Trautmann, Manuela Büchting, Michael Brynntrup, Deny Tri Ardianto, Nina Martin, Alex Gerbaulet, Per Olaf Schmidt (fehlt), Anton Soloveitchik

Handfest – freiwillige Selbstkontrolle
Michael Brynntrup
1984 | 18 Min. | Super 8 | D | Sprache: dt
Das Original ist Bewegung. Die Identität wird verweigert. Bei meiner ersten Aufnahme wollte ich eigentlich nackt vor der Kamera liegen. Ich hatte aber wohl nicht genug Mumm. – Die Aufnahme hab' ich übrigens mit dem Selbstauslöser gedreht.

Heimatfilm
Tom Schön
2005 | 3 Min. | 16 mm | D | ohne Sprache
„Heimatfilm ist kein Heimatfilm, der unter anderem beweist, dass man zu Nationalhymnen nicht gut tanzen kann."

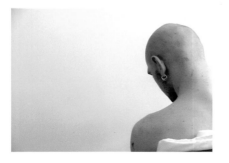

Gefangenenbilder
Alex Gerbaulet
2007 | 14 Min. | miniDV | D | Sprache: dt
Der Film beschäftigt sich mit dem Tätowieren als politischem Ausdruck am Beispiel eines Modellprojekts in der Jugendanstalt Neustrelitz, das jungen Straftätern ermöglicht, ihre verfassungs-feindlichen Symbole übertätowieren zu lassen.

Topaana
Manuela Büchting
2007 | 7 Min. | miniDV | D | Sprache: dt
Ich erzähle von meiner Zeit mit den Romafamilien in Skopje/Maze-
donien, bei denen ich im Sommer 2007 für einige Wochen gelebt
habe. Es geht um das Heiraten, um den Wunsch, nach Deutschland
auszuwandern und letztlich auch um mich als Ausländerin.

Zur lieben Erinnerung
Andrea Bellu
2007 | 4 Min. | miniDV | D | Sprache: dt
In einer Welt voller Bilder sammle ich die, die auf den Boden fallen.

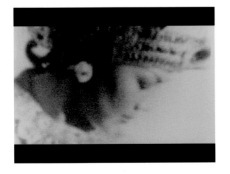

Slit of my dream
Deny Tri Ardianto
2007 | 5 Min. | miniDV | D | ohne Sprache
Dieser Film stellt einen Bruchteil meines Traumes dar, einen Teil
davon, wie ich die Welt sehe.

My shiny piece
Per Olaf Schmidt
2007 | 5 Min. | miniDV | D | Sprache: dt
„Ich hab das jetzt einfach gebaut, weil ich so das Bedürfnis hatte,
das gerade zu tun ... das lag so in mir drin. Ich möchte schon, dass du
das nachvollziehst und du auf irgendeine Art und Weise versuchst,
das nachzuvollziehen, weil ich hätte das ja auch zu hause einfach
machen können. Aber ich hab das jetzt hier mitgebracht, damit ich
euch das zeigen kann ..."

KURZBIOGRAFIEN

Deny Tri Ardianto   geboren 1979 in Solo/Indonesien. Studium: 1997–2001 Bachelor in Kommunikation Design in Se-belas Maret University Solo, 2006–2008 Diplom Freie Kunst in Film & Video an der HBK Braunschweig. Auszeichnungen und Festivals u.a.: Jiffest (Jakarta International Film Festival) 2004, DAAD Stipendium 2005–2008, EMAF Osnabrück. Dozent in Audio Visual Medien an der Sebelas Maret University Solo/Indonesien. Mitbegründer von AnaDoma. Kontakt: directtodeny@yahoo.com

Bah vs. liii superviced   alias Christine Schörkhuber studiert Video und Videoinstallation an der Akademie der bil-denden Künste in Wien bei Dorit Margreiter, ist sonst als Visualistin und in der freien Kulturarbeit tätig. Florian Fennes studiert Saxophon an der Universität für Musik und darstellende Kunst in Wien bei Klaus Dickbauer. Er arbeitet u.a. mit den Ensembles Phoen und No Head On My Shoulders. Veronika Mayer studiert Komposition bei Detlev Müller-Siemens und Elektroakustische Komposition bei Karlheinz Essl an der Universität für Musik und darstellende Kunst in Wien. Kontakt: www.myspace.com/bahvsliiisv

Andrea Bellu   2003 Studium an der Schule Fotografie am Schiffbauerdamm Berlin, seit 2004 Studium an der Hochschule für Bildenden Künste Braunschweig, seit 2007 Studium an der Staatliche Hochschule für Bildende Künste Städelschule Frankfurt, Mitgründerin von AnaDoma.

Estelle Belz   Beim Filmemachen, versuche ich in einer poetischen Form über die Menschliche Kondition zu forschen. Geboren in Montpellier/Frankreich. Nach einem Master in Sport und Freizeit Management in Montpel-lier und in Kanada habe ich als verbeamtete Lehrerin im Elsass an der deutschen Grenze gearbeitet. Mitbegründerin von AnaDoma.

Sebastian Binder   geboren 1983 in Frankfurt am Main, studiert seit 2004 Mediengestaltung an der Bauhaus-Univer-sität Weimar mit den Schwerpunkten Regie und Postproduktion. 2002 wurde er mit dem Hessischen Jugend-Filmförderpreis ausgezeichnet. Neben zahlreichen Auftragsproduktionen wie für Vapir, Siemens und dem Kunstfest Weimar, die auf MTV, MDR u.a. ausgestrahlt und auf Messen vorgeführt wurden, sind Musik, Unterhaltung und Food-design weitere Bereiche, mit denen er sich intensiv beschäftigt. Dabei ist er nicht nur hinter der Kamera zu finden, sondern ist auch aktiv als Schauspieler tätig.

Sebastian Bodirsky   geboren 1981, beschäftigt sich seit 2003 mit den Möglichkeiten nicht-narrativen Filmemachens. Er studierte an der UdK Berlin und arbeitete in verschiedenen Kontexten in Berlin und Belgrad. Kon-takt: sb@paqc.de

Marius Böttcher   geboren 1982 in Nordhausen, studiert seit 2002 Medienkultur an der Bauhaus-Universität Weimar mit den Schwerpunkten Filmphilosophie und -geschichte. Seit 2003 Doppelstudium durch Aufnahme der Mediengestaltung mit den Schwerpunkten Kamera und Regie, Mitarbeit an zahlreichen studenti-schen Filmprojekten und Auftragsproduktionen mit Fernsehausstrahlungen. Er ist seit 2004 tätig als studentischer Assistent von Günter Reisch, arbeitet als freier Texter und ist verantwortlich im Bereich Imagefilmproduktion für die Agentur openeyes. 2006 war er Mitherausgeber des Kinohefts, der kriti-schen Betrachtungen der Berlinale.

Collin Bradford   I have lived in many places throughout the United States, as well as in Spain. As an undergraduate, I studied Art and Spanish Translation, and I recently finished graduate school studying Art. I make work with video, sound, and other electronic things. In August 2008 I will started teaching at Grand Valley State University in Grand Rapids, Michigan, USA. Contact: bradford.c@gmail.com

Marina Brell   geboren 1986, studiert Medienwissenschaften und Kunstwissenschaft an der Hochschule für Bildende Künste Braunschweig. Sie war begeisterte Festivalbesucherin, hat Presseartikel für AnaDoma verfasst und an dieser Publikation mitgearbeitet.

Markus Brunner   geboren 1979 in Zollikon (Schweiz). Studium der Sozialpsychologie und Soziologie in Zürich und Hannover mit Schwerpunkt Gesellschaftstheorie und Psychoanalyse. Veranstaltet regelmäßig Film-reihen. Dissertationsprojekt: Selbstverletzungen in der Performance-Kunst und die Verschiebung von Körpergrenzen seit den 60er Jahren. Er ist Redaktionsmitglied dieser AnaDoma Publikation.

Michael Brynntrup   Diverse Künste, Installationen und Copyart seit 1977. Über 60 Filme und Video (vier Langfilm-projekte) seit 1981. Digitale Künste in interaktiven Medien (CD-ROM, DVD und internet) seit 1995. Zahl-reiche Werkschauen und Ausstellungen, viele Film- und Medienkunstpreise. Über 900 Festival-Vorfüh-rungen. Festival-Organisation und Mitarbeit (Interfilm 1982, VIPfilm 1990). Zahlreiche Jury-Teilnahmen. Organisation und Präsentation von Schwul-Lesbischen-Kurzfilm-Nächten und Experimentalfilm-Reihen im In- und Ausland. Publikationen zu den Themen Super-Acht und Berliner Off-Off-Kinos. Seit 2006 Professor für Film/Video an der Hochschule für Bildende Künste Braunschweig. Mitbegründer von AnaDoma. Kontakt: m.brynntrup@hbk-bs.de, www.brynntrup.de

Frank Bubenzer   geboren 1967 in Coburg, lebt und arbeitet in Berlin. 1989–1991 Hochschule für Gestaltung Offenbach, 1992 Hochschule für Bildende Künste Hamburg, 1993–1996 Hochschule für Gestaltung Offenbach, 1996 Diplom (AV Medien). Preise/Stipendien: Bestes Erzählvideo, Videofest Bochum 1996, Johannes Mosbach Stiftung Offenbach 1993. Gruppenausstellungen (Auswahl): 13. Marler Video-Kunst-Preis 2008, Niveaualarm Kunstraum Innsbruck 2007, Ins Licht gerückt Neuer Kunstverein Aschaffenburg 2003. Kontakt: frank.bubenzer@web.de

Manuela Büchting   geb. 1983, von 2002–2008 Studium an der Hochschule für Bildende Künste Braunschweig, ich mache Film- und Videoarbeiten, Bücher und Zeichnungen. Mitbegründerin von AnaDoma.

Milena Büsch   geboren 1980, seit 2005 Studium der Freien Kunst an der Städelschule Frankfurt am Main bei Michael Krebber. Seit 2003 gemeinsame Arbeiten als Wrong girl zusammen mit Helena Schlichting.

Bin Chuen Choi   geboren 1967 in Hongkong, lebt seit 1989 in Deutschland. 1992–1999 Studium der Bildenden Kunst an der Hochschule der Künste Berlin bei Raimund Girke und Kuno Gonschior, 1996 Austauschstudium der Bildenden Kunst in London, Royal College of Art, 1999–2003 Studium des narrativen und experimentellen Films an der Universität der Künste Berlin bei Jutta Brückner und Heinz Emigholz. Kontakt: binchuen@googlemail.com

Benjamin Cölle   geboren 1980, ist Filmemacher und studiert Kulturwissenschaften in Berlin. Nebenbei realisiert er ein praxisorientiertes Studium an der selbstorganisierten Informellen Universität in Gründung. Kontakt: www.jackie-inhalt.net

Joana Coppi   ist Meisterschülerin an der Kunsthochschule Berlin-Weißensee. Während ihres Studiums der Freien Kunst beschäftigte sie sich mit Performance, Video und Filmtheorie.

Sebastian Cremers   2002 Art Director for M.I.T. newmedia Frankfurt, 2003–2006 Study at the University of Media Arts Karlsruhe, 2005 Illustrator for the S.A.P. ag, 2006 Study at the HGK Luzern (Switzerland), 2007 Study at the Rietveld Academy Amsterdam, since 2008 Living and working in Zürich (Switzerland). Awards: 2008 Chaumont Festival des Affiches with the poster Sommerloch 07, Triennale Zagreb with the poster Sommerloch 07, 2007 Scholarship of the Heinrich Hertz Gesellschaft for You Don't Matter, Poster Trienale Hong Kong for Hearing, IF Awards nomination for Oberrhein-book, 2006 100 Best Posters (Switzerland, Austria, Germany) for Lost Identity. Contact: www.sebastiancremers.de, www.youdontmatter.com

Kristina Danzer   studierte Kunstgeschichte in Göttingen, Bonn und Köln. Seit 1998 wissenschaftliche und kuratorische Tätigkeiten im Bereich Fotografie, Film und Videokunst u.a. im Museum für Moderne Kunst in Frankfurt am Main und Museum Folkwang in Essen. Seit 2002 ist sie Mitglied in der Auswahlkommission für das Kasseler Dokumentarfilm- und Videofest. Während des AnaDoma Festivals hat sie Filmprogramme und Diskussionen moderiert. Kontakt: www.artmediamoon.com

Claudia Dworschak   geboren 1963 in Linz/Österreich, seit 2000 Studium audiovisuelle Mediengestaltung an der Kunstuniversität Linz/Österreich, seit 1999 Arbeiten und Ausstellungen mit der Künstlerinnengruppe freundinnen der kunst und der Radiogruppe spacefemfm, 2004 diekönigin wird mit Marion Geyer-Grois gegründet.

Thorsten Fleisch   macht seit über zehn Jahren experimentelle Kurzfilme. Er studierte zwei Jahre bei Peter Kubelka an der Städelschule in Frankfurt. Seine Filme laufen auf vielen Filmfestivals und wurden vielfach ausgezeichnet. Neben seiner Filmarbeit stellt er außerdem mit Hochspannung belichtete Photographien aus und tritt mit seiner Band Malende auf. Er lebt und arbeitet in Berlin. Kontakt: snuff@fleischfilm.com, www.fleischfilm.com

Matthias Fritsch   geboren in Ostdeutschland. Studium der Medienkunst in Karlsruhe, lebt und arbeitet in Berlin. Kontakt: www.subrealic.net

Stefanie Gaus geboren 1976, lebt und arbeitet als freie Filmemacherin in Berlin. 1998 absolviert sie ein einjähriges Studium an der Filmakademie FAMU in Prag, und ist danach in München beim Fernsehen im Bereich Schnitt und Produktion tätig. Von 2000–2006 studiert sie an der Kunsthochschule für Medien in Köln, wo sie zahlreiche Projekte als Regisseurin und Kamerafrau realisiert. Laufhaus ist ihr Diplomfilm an der KHM. Seit Oktober 2007 arbeitet sie als künstlerische Mitarbeiterin an der Universität der Künste Berlin, Klasse Narrativer Film. Kontakt: gaus.s@gmx.de

Alex Gerbaulet geboren 1977, Filmemacherin, Künstlerin, Kuratorin. Lebt und arbeitet in Berlin und Braunschweig. Sie beschäftigt sich u.a. mit Themenkomplexen wie Migration, Rassismus und dem alltäglichen Umgang hiermit in Deutschland. Mitbegründerin des Autor/innenkollektivs milex; 2002–2005 Mitglied der Freien Klasse an der HBK Braunschweig. Zahlreiche nationale und internationale Festival- und Ausstellungsbeteiligungen; im Kuratorium des Kasseler Dokumentarfilm- und Videofestes 2006/2007; seit 2006 künstlerische Mitarbeiterin und Lehraufträge an der Hochschule für Bildende Künste in Braunschweig, 2007 Stipendium der Hans-Böckler-Stiftung; Mitbegründerin von AnaDoma. Kontakt: alex_ge@gmx.de

Veronika Gerhard ist Künstlerin und Filmemacherin, lebt und arbeitet in Berlin. Sie hat Freie Kunst an der UDK in Berlin und Experimental Film an der Carnegie Mellon University und Pittsburgh Filmmakers School studiert. 2004 war sie Artist in Residence der Stadt Paris, Cite International des Arts, nahm am Studio Programm des Ssamzie Space Seoul in Korea 2003 teil, 2002 hatte sie ein Stipendium im Education Project der Documenta 11 in Kassel. Ihre Filme liefen in den Kunstwerken Berlin, in der Kunstfilmbiennale in Köln, im MACBA Museum Barcelona, im Pola Museum Annex in Tokio, im Haus der Kulturen der Welt in Berlin, in der Galerie Zacheta in Warschau usw. Von 1998 bis 2001 organisierte sie die Infernale, das Filmfestival der UdK in Berlin. Während des AnaDoma Festivals hat sie Filmprogramme und Diskussionen moderiert.

Marion Geyer-Grois geboren 1976 in Wien, aufgewachsen in Niederabsdorf/Niederösterreich, seit 2000 Studium audiovisuelle Mediengestaltung an der Kunstuniversität Linz, 2004 diekönigin wird mit Claudia Dworschak gegründet. Filmografie diekönigin: Wahlkampf 2004, wenn ich dich jetzt in meine arme nehme 2004, aus.geh.wandert 2005, Tatsächlich Scheinbar 2005, Bohemien 2006, Wilder Westen 2006. Festivalbeteiligungen u.a.: Frauenfilmfest Linz, Media Art Festival Osnabrück, Crossing Europe Linz, TEK Festival Rom, film:riss Salzburg, Ladyfest Berlin, Vienna Independent Shorts, Ausstellungen u.a.: wandering between the worlds 2005 Künstlerhaus Wien, Sexwork 2006/07 NBGK Berlin.

Piero Glina geboren 1978, Student der HfG Karlsruhe, setzt sich als Grafikdesigner und VJ bevorzugt mit verschiedenen Kommunikationsformen und -konzepten und ihrer Umsetzung auseinander. Kontakt: www.pieroglina.de

Katharina Gruzei geboren 1983 in Österreich, seit 2004 Studium der Bildenden Kunst, Experimentelle audiovisuelle Gestaltung und seit 2006 Kunst- und Kulturwissenschaften an der Kunstuniversität Linz; 2005/06 Gaststudentin an der Schule für künstlerische Fotografie Wien, 2006 Gaststudentin am Department of Art / University of California/Santa Barbara; 2006/2007 Bildende Kunst, Meisterklasse Katharina Sieverding, UdK Berlin. Kontakt : gru_kathi@yahoo.de

Lydia Hamann geboren 1979, studierte Kunstgeschichte und Bildende Kunst in Berlin und Wien, lebt zurzeit in Berlin, wo sie als bildende Künstlerin und feministische Aktivistin in informellen, selbstorganisierten Räumen arbeitet und Performances in der Raumerweiterungshalle kuratiert.

Syelle Hase geboren 1979 in Braunschweig. Hat in Bremen Kunst- und Kulturwissenschaft studiert und ihr Studium mit einer Arbeit über dokumentarische Strategien in der zeitgenössischen Kunst abgeschlossen. Lebt und arbeitet als freie Kunstwissenschaftlerin in Bremen und Berlin.

Semra Henin geboren 1983. Ich studiere seit Ende 2004 Freie Medienkunst in Kiel an der Muthesius Kunsthochschule. Zuerst Beschäftigung mit Malerei, mittlerweile mit wachsender Begeisterung Filmemacherin. So entstanden mehrere Experimente wie der Super 8-Film Am anderen Ende der Stadt und Das Zahnbürstenmonster, oder die Performance Ich kaufe den Wald. Seit Sommer 2007 bilden Jill Teichgräber und ich ein Team und haben bereits die Filme Sin Fin, Leiser und Weiter fertig gestellt.

Cem Kaya   Freier Filmemacher. Kommunikationsdesign- Studium an der Merz Akademie Stuttgart, Schwerpunkt Film & Video bei Prof. Christoph Dreher und Prof. Diedrich Diederichsen, 2005 Diplom (Merz Akademie), Master of Arts (University of Portsmouth). Filmografie: Die Kalte Platte, D 2003 (Dokumentarfilm), Do Not Listen!, D 2005 (Found Footage-Film); Kontakt: www.cemkaya.de, www.diekalteplatte.de

Kevin Kirchenbauer   Nachdem er sich lange nur aufs Schreiben konzentriert hat, beginnt Kevin Kirchenbauer Anfang 2006 das Filmemachen. In Lissabon und Montréal entsteht eine Reihe vor experimentellen Kurzfilmen. Seit Herbst 2007 studiert er an der HFF Potsdam, wohnt und arbeitet in Berlin.

Heike Klippel, Dr.   Geboren 1960. Professorin für Filmwissenschaft an der Hochschule für Bildende Künste Braunschweig. Mitherausgeberin von Frauen und Film. Veröffentlichungen zu Themen feministischer Filmtheorie, Zeit, Film und Alltag, u.a. Gedächtnis und Kino (Frankfurt a.M.: Stroemfeld 1997), Play Time – ein Film und 8 Perspektiven (Hg. zus. mit Michael Glasmeier, Münster: Lit 2005); 2008 erscheinen The Art of Programming – Film, Programm und Kontext (Hg., Münster: Lit) und Zeit ohne Ende. Essays über Zeit, Frauen und Kino (Frankfurt a.M.: Stroemfeld).

Michael Klöfkorn   geboren 1967, lebt und arbeitet als freischaffender Filmemacher in Frankfurt am Main. Studium des Animationsfilms bei Helmut Herbst. Filme (Auswahl): 1994 Goldafter, 1997 Der Hormon, 1999 Hobby Mensch, 2003 Sinfonie des Überflusses, 2005 Das Elend der Angestellten, 2008 Ameisen und Licht. Vorträge: Die geheimen Diäten der Reichen, Interview mit einer Autobahn, Ich will nicht wie eine Taube leben in Eurem Europa.

Florian Krautkrämer   geboren 1977 in Freiburg, dort Mitarbeit im Kommunalen Kino. 1999–2004 Studium der Freien Kunst in der Filmklasse der HBK Braunschweig. Seit 2005 wissenschaftlicher Mitarbeiter im Studiengang Medienwissenschaften der HBK. Zahlreiche nationale und internationale Festival- und Ausstellungsbeteiligungen sowie Aufnahmen der Filme in Sammlungen und Verleihprogrammen. Filmographie: InResonanz (2004, 8 Min, 16 mm), Ich höre Schritte auf der Treppe (2003, 5 Min, Video), 3 Studien (2000/2003, 8 Min, 16 mm), Studie über die Zeit (2002, 5 Min, 16mm), Der Duft der Engelstrompete (2002, 2,5 Min, 16 mm), Fontaine de Vaucluse (2001, 65 Min, 16mm), Mein Film Probestreifen (2001, 2 Min, 16mm), Wir sehen (1999, 26 Min, Video). Während des AnaDoma Festivals hat er Diskussionen moderiert. Kontakt: mlifilm@gmx.net

Petra Lottje   geboren 1973 in Rheda-Wiedenbrück/Nordrhein-Westfalen, lebt und arbeitet in Berlin. 1997–2004 Studium der Freien Kunst an der Hochschule für Bildende Künste in Braunschweig bei Prof. F. v. Stockhausen, Prof. F. Feldmann, Prof. N. Schwontkowsky, Prof. R. Kummer, 2004 dreimonatiger Studienaufenthalt in Kanada und USA, 2005 Meisterschülerstudium bei Prof. J. Armleder, HBK Braunschweig. Kontakt: loope@gmx.net

Nina Martin   geboren 1983, studiert seit 2003 Kunst und Film an der HBK Braunschweig. Mitbegründerin von AnaDoma.

Stefan Möckel   geboren 1958 in Hessen. Während seines Mathematik- und Sportstudiums von 1977–1982 in Göttingen lernte er den Super-8-Film kennen und lieben. 1985 wurde er semi-professioneller Super-8-Filmemacher. Vom Film kann der Superachtfreak nicht Leben und so verdient er sich sein Geld als Mathematik-, Musik- und Kunstlehrer an einer Realschule. Bis heute hat der Super-8-Liebhaber 373 Super-8-Filme und vier Videos veröffentlicht. Auf zahlreichen Festivals im In- und Ausland wurden seine Werke bis jetzt gezeigt. Kontakt: stefko.moeckel@web.de

Anne Mueller von der Haegen, Dr.   Kunsthistorikerin, freiberufliche Autorin, Kuratorin und Organisatorin, Vorstand Allgemeiner Konsumverein - Kunstverein in Braunschweig, künstlerische Betreuung Galerie 21 Braunschweig.

Sebastian Neubauer   geboren 1980 in Hameln; Studium der Freien Kunst; Schwerpunkt Film/Video in der HBK Braunschweig von 2002 bis 2007. Jetzt: schreiben und vortragen, Filme machen, Workshops organisieren, Film-Festivals/Abende planen, Audio CD-, DVD- und Buchproduktionen. In Deutschland und außerhalb. Kontakt: sebastian@sebastianneubauer.de, www.sebastianneubauer.de

Jan Peters   geboren 1966 in Hannover, studierte an der Hochschule für Bildende Künste in Hamburg. Er ist Mitbegründer der Filmemachergruppe Abbildungszentrum. Nach mehrjährigem Aufenthalt in Paris und Genf lebt er seit 2008 in Berlin. Jan Peters macht neben Filmen auch Hörspiele. Kontakt: jan@24fs.org

Pirol mit Band never again the same ... mother and singer and texter and performancer Franziska Pester (1981) would come again to anadomina ... like a bird ... flying. Ole Schmidt (1980) war die Beatmaschine, nicht nur bei Pirols musikalischem Soirée während des AnaDoma 08. Sonst malt er nicht so gerne. Sebastian Neubauer (1980) an Gitarre meist hinter dem Vorhang, dann aber sehr gerne. Jan–Frederic Goltz (1981) spielte spontan bei AnaDoma 08 und mit Pirol Musik aus dem Computer, kann jetzt nicht so viel schreiben, weil er gerade Diplom macht. further featuring on stage als Hauptanteilseigner: Franziska Ulbricht, singt, jodelt, zupft und klopft meist vorsichtig, aber mit Bestimmtheit; Ulrich Reinhardt, hält Akkordeon und Orgel, kennt sogar die Tasten als Akkorde; Daniel Rödiger (1976) rocksteady Gitarre – meistens für irgendwen zu laut oder zu leise; Franziska Metzger, a.k.a. Franzi "die Klarinette", trägt den Sound ins Weite, Basti Meyer, Soulbrother, Rampensau und Mellotron; Stephan Stürmer, Bass und niedrig-frequenz- Rückgrat; Anton Soloveitchik, Tanz, Glanz, Camping und Stimme.

Projektzeit Bernadette Klausberger, geboren 1983 in Österreich, Jana Krause, geboren 1980 in Deutschland, und Hannah Stracke, geboren 1976 in Österreich, leben und arbeiten in Berlin. Gemeinsamer Abschluss des Studiengangs Europäische Medienwissenschaft/Universität Potsdam und Fachhochschule Potsdam. Seit 2004 Zusammenarbeit an Video- und Ausstellungsprojekten. Gemeinsame Projekte (Video) u.a.: Wer ist Alex? DVD 2004; Projektzeit 2-Kanal Videoinstallation 2007; MT 2-Kanal -Video für 2 Monitore 2007. Ausstellungsbeteiligungen u.a.: International Student Forum/EMAF Osnabrück 2005; Synchro- nität als kulturelle Praxis/NGBK Berlin 2007; Stedeldijk Museum´s-Hertogenbosch Niederlande 2008; Overbeck-Gesellschaft Lübeck 2008

Norman Richter geboren 1979. Studium der Regie an der HFF "Konrad Wolf" in Potsdam-Babelsberg. Arbeitet im do- kumentarischen und experimentellen Bereich der Film- und Videokunst. Teilnahme an internationalen Filmfestivals und Kunstausstellungen. Kontakt: normanrichter@web.de

Assunta Ruocco comes from Sorrento, a small town near Naples, in the South of Italy. After studying Art History at the University of Naples for three years, in 2005 she graduated in Fine Art in Belgium, at the École de Recherche Graphique of Bruxelles, and in 2007 was awarded an MA in Contemporary Visual Arts at University College Falmouth in the UK. For the last six years she has been using and interpreting a broad range of media, from painting and drawing to video and photography, in a collaborative, per- formative work with her family and closest friends. She works with them on the boundaries of reality and fiction, on the way personal closeness and trust modifies our relationship to image, and on the influence of iconographic and cinematic models in the way we experience our bodies and we build our relationship to history. Contacts: www.artselector.com, www.assuntaruocco.be

Adrian Schedler Künstler. Studium an der HBK Braunschweig. Mitbegründer von AnaDoma.

Melanie Schlachter geboren 1982 in Mexiko, 1990 Migration nach Deutschland, seit 2005 Studium der Bildenden Kunst an der UdK Berlin (Klasse von Prof. Rebecca Horn). Beschäftigt sich mit der eigenen Körperlich- keit als Ausgangspunkt für Wahrnehmung und Kommunikation sowie der bildlichen Darstellung dieser mittels Fotografie und Video. Kontakt: mschlachter@hotmail.com

Helena Schlichting geboren 1976. Seit 2002 Studium der Freien Kunst an der HfG-Offenbach bei Prof. Heiner Blum und Prof. Martin Liebscher. Seit 2003 gemeinsame Arbeiten als Wrong girl zusammen mit Milena Büsch.

Per Olaf Schmidt bei AnaDoma a.k.a. Techno_Ole, geboren 1980. Studium in der Filmklasse HBK Braunschweig seit 2003, Diplom 2008. Macht Videos und Musik mit verschiedenen Leuten. Mitbegründer von AnaDoma. Suchte die für AnaDoma 08 benötigten Geräte zusammen und verkabelte das Ganze mit seinen AnaDoma Freunden.

Tom Schön geboren im März 1969. 2000 – 2008 Studium der Freien Kunst an der HBK Braunschweig. Seit 2001 Mitbegründer und Organisator der Grande Filiale in Speyer. Mitbegründer von AnaDoma.

Volker Schütz geb. 1968. Studium: Informationswissenschaft. Lomograph und Medienkünstler. Arbeit mit Kinderspiel- zeug und Hochtechnologie, Arbeit mit Lochkamera und Laserlicht, Arbeit mit Schärfe und Unschärfe. Erster Filmauftritt 2005 in "Love & Motion" von C. Schmidt-David. Danach verschiedene Experimental- filmexperimente. "Heimat" war 2007 der erste eigene Film von Volker Schütz. Weitere werden folgen ... Kontakt: www.volkerschuetz.de

Iris Selke   geboren 1966 in Bielefeld. Lebt und arbeitet in Braunschweig. 1995 Studium an der HBK Braunschweig bei Mara Mattuschka, Dörte Eißfeldt, Anzu Furukawa, Birgit Hein und Marina Abramovíc. 1998 Austausch-studentin mit "The School Of The Art Institut of Chicago" USA. 2002 Diplom, 2003 Meisterstudium an der Hochschule der Bildenden Künste in Braunschweig.

Olaf Sobczak   geboren 1969 in Hamburg. Filmemacher seit 1997. 2002–2007 Filmstudium an der HfbK – Hochschule für bildende Künste Hamburg, Lehrbeauftragter für Video/Film an der HAW Hochschule für angewandte Wissenschaften Hamburg seit 2006. Kontak: olaf.sobczak@gmx.de

Anton Soloveitchik   geboren 1973 in Sankt-Petersburg/Russland. Studium der Freien Kunst an der HBK Braun-schweig. Künstler, Fotograf. Mitbegründer von AnaDoma.

Martyna Starosta   geboren 1983 in Polen, aufgewachsen in Deutschland, seit 2004 Studium der Bildenden Kunst an der UdK Berlin (Klasse von Prof. Lothar Baumgarten). Mitorganisatorin der Interflugs Lecture Series (KünstlerInnengespräche & Workshops). Interesse an einer Verbindung von performativen und doku-mentarischen Arbeitsweisen. Zurzeit ist ein Film über den Alltag in einem Brandenburger Gefängnis in Planung. Kontakt: martynastarosta@yahoo.de

Barbara Straka   geboren 1954 in Berlin, Lehramtsstudium (1973-1980) sowie der Kunstgeschichte und Philosophie (1980-84) in Berlin. Freiberufliche Ausstellungskuratorin und Publizistin (NGBK, NBK, KunstWerke e.V. u.a.) in Berlin, Schwerpunkte: Politische Kunst, Kunst im öffentlichen Raum, Kunst aus Osteuropa; Kuratorin diverser Projekte im europäischen Kulturaustausch im Auftrag der ARS BALTICA; zahlreiche Ausstellungen und Veröffentlichungen zur zeitgenössischen Kunst. 1994-2004 Direktorin des Hauses am Waldsee - Ort internationaler Gegenwartskunst Berlin; 2004 Wahl zur Präsidentin der Hochschule für Bildende Künste Braunschweig.

Jill Teichgräber   geboren 1981 in Berlin. Seit 2002 Studentin an der Muthesius Kunsthochschule in Kiel (Freie Kunst) und an der Christian-Albrechts-Universität (Spanisch). Kontakt: jillteichgraeber@yahoo.de

Jalaludin Trautmann   geboren 1981 in London. Künstler, Festivalmacher. Wohnt in Helmstedt. Mitbegründer von AnaDoma.

Tanya Ury   studierte Bildende Kunst am Exeter College von 1985 bis 1988. Master of Fine Art an der Reading University. Von 1991 bis 1992 war sie Gastdozentin an der Sheffield Hallam University und erhielt das Stipendium Colin Walker Fellowship of Fine Art. Seit 1993 lebt und arbeitet sie in Köln.

Andreas Weich   geboren 1984, studiert Medienwissenschaften, Technik der Medien und Politikwissenschaft in Braun-schweig, schreibt regelmäßig Artikel für die Internetpräsenz der Medienwissenschaften Braunschweig.

Michael Wirthig   geboren 1978 in Linz. Student der Kunsthochschule in Linz, seit 2002 Beschäftigung mit Experimen-talfilm. Lieblingsbeschäftigung: Dinge und Gegenstände so lange zerlegen, bis kein Teil mehr dort ist, wo es war. Kontakt: michael.wirthig@ufg.ac.at

Nele Wohlatz   seit 2003 Studium Szenografie & Medienkunst in Karlsruhe. 2004 Gründung des Büro für Raumfragen. Versch. Dokumentarprojekte (Medea & Die Illegalen, 2005; Üben Für Utopia, 2007). Interventionen im öffentlichen Raum (z.B. Audiotour Kunst & Ökonomie, Hamburg 2006)/Regieassistenzen (Rimini Proto-koll, Penelope Wehrli)

Kathrin Maria Wolkowicz   geboren 1981 in Berlin, 2000–2004 Studium Freie Kunst an der Kunstakademie Münster, 2005 Studium Freie Kunst an der Akademia Sztuk Pięknych Wrocław, 2003–2007 Studium Freie Kunst an der HBK Braunschweig, seit 2007 MA Fine Arts Programme, Piet Zwart Institute Rotterdam. Kontakt: kathrinwolkowicz@web.de

Wayne Yung   wurde 1971 in Edmonton, Kanada, von einer chinesischen Familie geboren. Er hat seither in Vancouver, Hongkong, Berlin und Hamburg gewohnt und lebt derzeit in Köln. Als Autor, Darsteller und Videokünstler hat er sich mit Fragen der Ethnizität und Identität aus schwuler kanadisch-chinesischer Perspektive auseinandergesetzt. Kontakt www.wayneyung.com

INDEX

Titel

Namen

Wir bedanken uns bei unseren Unterstützern:
Stiftung Braunschweigischer Kulturbesitz; Hochschule für Bildende Künste Braunschweig;
Fördererkreis der HBK Braunschweig e.V.; Asta der HBK Braunschweig

Dank unseren Sponsoren und Förderern:
LOT-Theater Braunschweig; Galerie 21 Braunschweig; BBG Braunschweiger Baugenossenschaft eG;
Frühlingshotel Braunschweig; Mediothek der HBK Braunschweig; Filmwerkstatt der Filmklasse;
Mensa der HBK Braunschweig; Spot up Medien Braunschweig; La Vigna – Italienische Weine und
Lebensmittel; Bio-Brotladen Schütze GmbH; OSTEE Autovermietung OHG; Deutsches Rotes Kreuz;
real SB-Warenhaus GmbH Braunschweig; Beyrich DigitalService Braunschweig

Dank für die Unterstützung und Hilfe bei der Organisation und Durchführung des Festivals:
Fatih Alpsoy, Gerhard Baller, Madeleine Bernstorff, Lotte Buchholz, Karin Burkhardt, Christine
Carta, Kristina Danzer, Peter Dargel, Lars Eckert, Prof. Ulrich Eller, Mathias Filbrich, Ellen Fischer,
Veronika Gerhard, Susanne Keune, Peter Stephan Kozica, Florian Krautkrämer, Anne Mueller
von der Haegen, Tobias Henkel, Birgit Hein, Dr. Bernd Huck, Sabine Maag, Tobias Meyer, Stephan
Müller, Prof. Klaus Paul, Dorija Petrick, Anne Prenzler, Thomas Ratzke, Elke Reinhuber, Ingo Schulz,
Ralph Schuster, Beate Siegmann, Thomas Steen, Viola Steinhoff-Meyer, Prof. Ulrike Stoltz, Monika
Störig, Barbara Straka, Karin Then, Ann Katrin Thöle, Bernd Vasel, Karl-Heinrich Weghorn, Christian
Weiß, Sebastian Weiß, Heike Wintersdorff, Felizitas Zechmeister, und den Teams und Mitarbeitern
vom Festival durchgedreht 24, vom Studio für Filmkunst und Roter Saal/Brücke

Dank auch den Studierenden der Filmklasse für die Hilfe während der Festivaltage:
Stef Füldner, Philip Häniche, Jalaludin Trautmann, Aurélia Defrance, Wanda Dubran, Sandy Scholze,
Ronal Merdoza Ardrade, Mirko Martin, Wibke Stehmeier, Abel Boukich, Dennis Bettels, Jin Cai,
Rani Prawiradinata, Minou Heratizadeh

Besonderen Dank für die Unterstützung bei der Realisierung dieses Festival-Buches:
Marina Brell, Manuela Büchting, Peter Dargel, Stef Füldner, Claudia Harmel, Martina Leitschuh,
Prof. Uli Plank, Sabine Schlimme, Thomas Steen, Prof. Ulrike Stoltz, Barbara Straka

AnaDoma ist
ein Projekt von Studierenden der Filmklasse der HBK Braunschweig / Prof. Michael Brynntrup:
Andrea Bellu, Estelle Belz, Manuela Büchting, Alex Gerbaulet, Nina Martin, Adrian Schedler,
Per Olaf Schmidt, Tom Schön, Anton Soloveitchik, Jalaludin Trautmann, Deny Tri Ardianto